**작은 기업을 위한
브랜딩 법칙 ZERO**

작은 기업을 위한
브랜딩 법칙 ZERO

초판 1쇄 인쇄 | 2024년 6월 25일
초판 1쇄 발행 | 2024년 6월 30일

지은이 | 김용석
발행인 | 안유석
책임편집 | 고병찬
교정교열 | 하나래
디자이너 | 오성민
펴낸곳 | 처음북스
출판등록 | 2011년 1월 12일 제2011-000009호
주소 | 서울 강남구 강남대로 374 스파크플러스 강남 6호점 B229호
전화 | 070-7018-8812
팩스 | 02-6280-3032
이메일 | cheombooks@cheom.net
홈페이지 | www.cheombooks.net
인스타그램 | @cheombooks
페이스북 | www.facebook.com/cheombooks
ISBN | 979-11-7022-280-4 03320

작은 기업을 위한
브랜딩 법칙

김용석 지음

처음북스

ZERO? ZERO, ZERO!

브랜딩은 자신 있었습니다. 대기업 마케팅팀에서 규모 있는 브랜딩 캠페인을 진행했었고 사원으로서 이례적으로 최고 등급의 고과를 받기도 했습니다. 마케팅 회사를 공동 창업하고 나서는 국내 유수 기업들의 브랜드 컨설팅도 해 보았습니다. 그뿐만이 아니라 브랜딩 관련 책도 수백 권을 읽었기에 '이론'과 '경험' 모두를 갖추었다고 자부했었습니다. 하지만 큰 착각이었습니다. 작은 브랜드의 브랜딩을 담당하면서 저의 부족함을 절실히 깨닫게 되었습니다.

대기업에 유효했던 브랜딩이 작은 기업에는 잘 효과가 나타나지 않았습니다.[1] 정확히 말하자면 작은 브랜드는 브랜딩에만 초점을

---

[1] 대기업은 계획(Plan)-실행(Do)-피드백(See)의 정석적인 순서로 일을 진행할 수 있지만, 작은 기업은 실행(Do)-피드백(See)-계획(Plan)의 순서로 훨씬 빠르게 일을 진행해야 한다.

맞추어 활동할 수 있는 돈과 시간이 부족했습니다. 야심 차게 브랜딩 캠페인을 시작하더라도 얼마 지나지 않아 '매출'을 생각해야 했고, '이익'을 고려해야만 했습니다. 농사를 짓기 위해 씨를 뿌렸는데 한 달 뒤에 수확물이 필요한 상황이었습니다. 생존하기 위해서는 사냥이라도 해야 했습니다. 어느 순간 장기적인 관점의 브랜딩과 단기적인 관점의 세일즈 프로모션이 정신없이 혼합되면서 그어떤 것도 아닌 괴생명체가 탄생했습니다. 결과는 모든 것을 놓친 참패였습니다.

'브랜딩이라는 게 꼭 필요한 걸까?'라는 본질적인 의문이 들었습니다. 브랜딩이 필요하더라도 그것은 대기업 이야기이지 작은 기업에는 필요 없는 게 아닐까 하는 생각도 했습니다. 브랜딩 신봉자였던 저의 세계에 균열이 가기 시작했습니다. 둥글다고 굳게 믿었던 지구가 평평하게 느껴지는 순간이었습니다. 돌파구가 필요했습니다. 어제의 지식과 경험만으로는 오늘의 문제를 풀 수 없었습니다. 지금까지 쌓아온 모든 경험과 지식을 싹 다 지우고 브랜딩을 다시 바라보기로 했습니다. 다시 ZERO로 돌아가기로 결심했습니다.

작은 브랜드에겐 브랜딩할 돈도 시간도 ZERO

작은 브랜드의 고충을 알아보기 위해 먼저 대표님들을 만나러 다녔습니다. 오프라인 가게를 운영하는 대표님, 콘텐츠 사업을 하는 대표님, 온라인 쇼핑몰을 운영하는 대표님, 스타트업을 준비하는 대표님 등 다양한 분야의 대표님을 만나고 또 만났습니다. 각자의 상황과 고민은 달랐지만, 두 가지 공통점이 있었습니다.

먼저 브랜딩의 필요성에 대해서는 모두 공감하고 있었습니다. 끝없는 가격 경쟁에서 벗어나기 위해서는 단단한 브랜드가 필요하다는 것을 모두가 알고 있었습니다. 그것을 가능케 하는 것이 브랜딩이라는 것도 말입니다. 생존 이상의 가치를 추구하기 위해서 브랜딩은 필수라는 것을 모르는 대표님은 없었습니다. 두 번째 공통점은 모두 브랜딩을 할 여력이 없어 보인다는 점이었습니다. 그분들에게는 하루하루 생존하는 게 최우선 과제였습니다. 즉각적인 매출 그리고 생존할 수 있는 이익이 그 무엇보다 우선이다 보니 따로 브랜딩할 돈도 시간도 ZERO에 가까웠습니다. 이것이 큰 문제였습니다.

모두가 답을 알고 있으나 답을 속 시원히 적을 수 없는 안타까운 상황이랄까요? 작은 브랜드에는 큰 브랜드가 갖고 있는 펜도 종이도 없었으니까요. 전혀 다른 브랜딩이 필요해 보였습니다. 작은 브랜드에 최적화된 브랜딩이 있어야만 한다고 생각했습니다.

작은 브랜드를 위한 '브랜딩 법칙 ZERO'

작은 브랜드에 초점을 맞추어 시중에 나온 브랜딩 관련 책을 모조리 읽었습니다. 동네 도서관의 브랜딩과 마케팅 서가에 더 이상 읽을 책이 없을 때까지 읽고 또 읽었습니다. 도서관에 없는 책은 서점에 가서 구매해서 읽고 우리나라에 없는 책은 영어 원서를 주문하여 읽었습니다. 예전에 읽었던 책도 새로운 관점으로 다시 읽었습니다. 이렇게 수백 권을 집중해서 읽다 보니 서서히 답이 보이기 시작했습니다. 제가 얻은 답을 검증해 보기로 했습니다.

성공한 사업가와 업계 전문가를 차례로 만났습니다. 책을 통해 얻은 답이 맞는지 검증을 했습니다. 대화를 통해 현실성이 떨어지는 내용은 지우고 새롭게 배운 내용은 더했습니다. 흐릿했던 답이 조금씩 선명해지기 시작했습니다. 이렇게 책과 대화를 통해 만난 고수들의 지혜를 저만의 시선으로 이어가다 보니 ZERO라는 하나의 단어가 완성되었습니다.

[Z]igzag[2]: 극단적 차별화

[E]ngage[3]: 고객 참여

[R]epeat[4]: 반복 또 반복

[O]ptimize[5]: 최적화

---

2 verb. have or move along in a zigzag course.

3 verb. participate or become involved in.

4 verb. do (something) again, either once or a number of times.

5 verb. make the best or most effective use of (a situation, opportunity, or resource).

《작은 기업을 위한 브랜딩 법칙 ZERO》의 ZERO는 군더더기를 최소화한 브랜딩 프레임워크framework[6]입니다. 코카콜라 ZERO가 칼로리를 최소화했듯이 말이죠. 필요 없는 내용은 덜어내고 또 덜어 냈습니다. 긴 내용은 짧게, 어려운 내용은 쉽게 쓰려고 노력했습니다. 누구든 쉽게 이해하고, 어떤 비즈니스에도 빠르게 적용할 수 있도록 말이죠. 뜨거운 물체를 만지면 반사적으로 손을 떼듯이, 코에 이물질이 들어가면 의식하지 않아도 재채기하듯이 '브랜딩 법칙 ZERO'도 반사적으로 그리고 자동으로 실행할 수 있는 브랜딩 프레임워크이기를 바라며 만들었습니다.

고대 로마의 건축가는 교량Bridge을 지은 뒤 그 아래에서 일정 기간 거주했다고 합니다(역사적 사실에 대한 진위에는 논란이 있습니다).[i] 본인이 지은 건축물에 대해 앞장서서 책임을 진 것이죠. 이처럼 《작은 기업을 위한 브랜딩 법칙 ZERO》는 제가 직간접적으로 만난 고수들의 벽돌로 쌓아 올린 교량이고 그 아래에서 저도 일정 기간 거주하려고 합니다. 앞으로 어떤 브랜드를 만들더라도 제가 반드시 활용할 프레임워크라는 뜻입니다. 그만큼 책임 의식을 갖고 고민에 고민을 거듭하며 만들어 봤습니다. 생존을 넘어 단단한 브랜드로 한 단계 도약할 수 있는 교량이 되기를 바라면서요.

---

6 사에쿠사 타다시는 《회사개조》에서 프레임워크를 사물의 본질이나 구조를 이해하고 알기 쉽게 설명하기 위한 '틀'이라고 말했다. 이 책에서는 브랜딩의 본질을 이해하고 비즈니스 목표를 달성하기 위한 브랜딩 틀이라고 정의하고자 한다.

'Part 1. 브랜딩'에서는 브랜딩은 무엇이고 왜 하는지에 대한 본질적인 답을 알아볼 것입니다. 'Part 2. 브랜딩 법칙 ZERO'를 통해서는 브랜딩을 어떻게 해야 하는지에 대한 구체적인 답을 다양한 사례를 통해 그려 볼 것입니다. 다시 말해 '브랜딩'이라는 '방향'을 확인하고 나서 '구체적인 발걸음'을 한 발 한 발 내디딜 예정입니다.

책을 덮고 나면 책을 펴기 전과는 전혀 다른 나 자신을 보게 될 것입니다. 장사에 브랜딩을 더하고, 가게를 넘어 브랜드를 갖게 될 나의 모습을 그리게 될 것입니다. 하루하루 생존을 걱정하는 어제의 내가 아닌 나만의 브랜드로 매일 성장을 이어가는 미래의 나를 보게 될 것입니다.

브랜딩할 돈도 시간도 ZERO인 여러분을 위한 브랜딩 이야기, 지금 바로 시작합니다.

오후 7시 22분 해가 지는 어느 날에

김용석

CONTENTS

PART 1

: 브랜딩

Chapter 1

브랜딩은 무엇인가?

"용어를 바르게 정의하는 것이 지혜의 첫걸음이다."
— 소크라테스

무의미한 속력이 아닌
유의미한 속도의 브랜딩

↗

속도Velocity와 속력Speed은 한 글자 차이지만, 그 뜻은 하늘과 땅 차이다. 이는 '운동 방향'의 유무에 기인한다. 속도는 방향을 가지지만, 속력은 방향을 가지지 않는다. 아무리 열심히 달려도 제자리를 빙빙 돌고 있는 느낌이 든다면 명확한 방향이 없어서일 확률이 높다. 즉, 방향이 명확한 속도가 아닌 방향이 없는 속력이 빠른 것이다. 현대 경영학을 창시한 학자로 평가받는 피터 드러커Peter Ferdinand Drucker의 말이 이를 잘 보여 준다.

"하지 않아도 될 일을 효율적으로 하는 것만큼 쓸데없는 짓이 없다."

방향이 없거나 잘못된 방향으로 최선을 다하면 어떻게 되겠는가? 피터 드러커가 말한 대로 쓸데없는 짓을 하게 된다. 극단적인 경우에는 나의 최선이 모두의 최악이 된다. 의도와 전혀 다르게 모두에게 해가 되는 일을 하게 될 수 있고, 재앙을 불러올 수 있다.

한스컨설팅의 한근태 대표는 《고수의 질문법》에서 '재앙'을 뜻하는 영어 단어 'Disaster'를 방향이 없어졌기 때문에 발생하는 나쁜 일로 재해석했다. 어원을 살펴보면 사라진다는 뜻의 'Dis'와 별을 의미하는 'aster'가 결합한 단어, 즉 별이 사라진다는 의미이기 때문이다. 나침반이 없던 시절에 북극성은 항해사에게 방향을 알려주는 절대적인 참조점이었기에 이것이 사라지는 것은 그야말로 재앙이었다.[1]

브랜딩 또한 마찬가지다. 브랜딩이 무슨 뜻인지 모른다면 제자리를 빙빙 돌게 되고 잘못된 정의를 내리면 모두에게 해가 되는 브랜딩을 하게 될 수 있다. 브랜딩을 하기에 앞서 브랜딩을 올바르게 이해해야만 하는 이유다. 또한 올바른 방향을 설정해야만 하는 이유이기도 하다. 이를 위해 스스로에게 두 가지 질문을 할 필요가 있다.

"나는 왜 브랜딩을 하는가?"

---

1 A Greek-English Lexicon(Henry George Liddell, Robert Scott)에 따르면 Disaster의 고대 그리스어 어원은 '나쁜, 불길한(δυσ-, dus-)', '별(ἀστήρ, aster)'로 '별자리의 나쁜 배치δυστυχία, dystychia)'를 의미한다. 한근태 대표가 해석한 바와 다소 차이가 있다.

"나는 브랜딩을 무엇이라고 생각하는가?"

'나는 왜 브랜딩을 하는가?'는 브랜딩의 필요성에 대한 질문이고, '나는 브랜딩을 무엇이라고 생각하는가?'는 브랜딩의 정의에 대한 질문이다. 두 가지 질문에 대한 답을 알아보면서 브랜딩을 제대로 이해해 보자. 먼저, 드넓은 바다로 나가기 전에 올바른 방향을 설정해 보자. 그리고 무의미한 속력이 아닌 유의미한 속도로 브랜딩을 항해해 보자.

브랜딩이
필요한 이유

↗

브랜딩이 필요하다는 말은 모호하다. 왜냐? 누구에게 필요한지 말하고 있지 않기 때문이다. 물론 여러분은 브랜딩이 '나에게' 필요한 이유로 읽었을 것이다. 맞다. 여러분에게 필요하다. 그렇지 않았다면 소중한 시간을 들여 여기까지 읽지 않았을 것이다. 다만 이 말에는 매우 중요한 주체가 빠져있다는 것을 강조하고 싶다. 바로 소비자다.

우리가 일이라고 부르는 것은 생산자와 소비자 모두가 필요로 하기에 발생한다. 귤 농사를 예로 들어 보자. 생산자는 귤 농사를 통해 필요한 돈은 물론이고 몸에 좋고 맛있는 과일로 사회에 기여한다는 삶의 의미를 획득하게 된다. 소비자는 어떠한가? 추운 겨울에 따뜻한 이불에 들어가 새콤달콤한 귤을 까먹고 싶다는 욕구를 충족하게 된다. 생산자와 소비자 모두에게 필요하기 때문에 귤 농사가 이루어지게 된다. 이처럼 생산자와 소비자의 필요성을 모두 고려해야만 어떠한 일을 제대로 파악할 수 있게 된다. 단순한 2차원 단면이 아닌 다채로운 3차원 입체를 바라볼 수 있게 되는 것이다.

브랜딩의 필요성은 어떨까? 더 구체적으로 좋은 브랜드는 생산자와 소비자에게 왜 필요할까? 먼저 생산자 관점에서 깊이 있게 알아보자.

브랜딩이 생산자에게 필요한 이유

IT 대기업에서 중소기업 브랜딩을 돕고 있는 전문가가 말했다. 대다수의 중소기업 대표님은 본인들의 제품과 서비스가 이렇게나 좋은데 왜 소비자는 이렇게도 몰라주는지에 대해 무척이나 답답해한다고 했다. 브랜딩이 답답함을 해결해 줄 것이라는 막연한 기대를 하고 있다고도 했다. 즉, 브랜딩을 일종의 만능열쇠로 인식하고 있는 것이다.

브랜딩의 필요성을 이렇게 막연하게 생각해서는 안 된다. 더 깊게 파고들어 가야 한다. 브랜딩이 왜 필요한지를 훨씬 더 깊게 고민해야 한다. 이건희 전 삼성전자 회장은 문제가 생기면 '왜'를 다섯 번이나 물었다고 한다.[ii] 생산자도 브랜딩이 본인에게 '왜' 필요한지를 반복해서 물어보면서 끈질기게 파고들어야 한다. 파고들어 가다 보면 본질적인 이유가 나타날 것이다. 이를 크게 다섯 가지로 나누어 생각해 볼 수 있다.

모두가 잘하는 시대에 살아남기 위해

나에게 가장 기억에 남는 전시가 무엇이냐고 묻는다면 한 치의 망설임도 없이 말할 수 있다. 10년 전에 갔었던 〈어둠 속의 대화 Dialogue in the Dark〉다. '전 세계 32개국 1,200만 명 이상이 경험한 완전한 어둠 속에서의 100분간 여행'으로 알려진 전시다. 짧게 설명을 하자면 무엇도 보이지 않는 칠흑 같은 어둠 속에서 청각, 후각, 촉각, 미각 등의 시각을 제외한 감각을 활용해 다양한 상황을 경험하는 전시다. 전시장은 말 그대로 어둠 그 자체다. 앞사람의 어깨에 손을 올리고 가이드의 안내에 따라 한 발 한 발 조심스럽게 앞으로 내디디며 이동해야만 한다. 나에게는 잠시나마 시각 장애인이 겪는 일상의 어려움을 느낄 수 있는 값진 전시였다.

전시의 말미에는 어둠 속의 카페라는 코너가 있다. 전시 이름처럼 아무것도 보이지 않는 카페다. 시각이 배제된 채 다른 감각만으로 음료를 즐기는 것이다. 어둠 속에서 바리스타가 청량음료를 따라 주는데 무엇인지 말해 주지 않는다. 사람들은 호기롭게 무슨 음료인지 말하지만 대부분 틀린다. 심지어 사이다를 마시고 콜라라고 말하기도 한다. 더욱이 코카콜라와 펩시콜라를 구분하는 사람은 거의 없다. 믿기지 않겠지만 이는 연구 결과로 밝혀진 사실이기도 하다.

2003년에 코카콜라는 하나의 실험을 진행한다. 소비자가 코카콜라와 펩시콜라를 마실 때 뇌가 어떻게 반응하는지 지켜본 것이다. 수십억 원에 달하는 fMRI(기능적 자기 공명 영상) 장비를 활용하여 소비자의 뇌를 관찰했다. 브랜드를 모르고 마실 때는 코카콜라를 마시나 펩시콜라를 마시나 뇌의 같은 영역이 활성화되었다. 뚜렷한 차이점은 브랜드를 보여 주었을 때 나타났다. 펩시콜라임을 알고 마실 때 전혀 반응이 없던 뇌의 영역이 코카콜라임을 알고 마실 때 추가로 활성화된 것이다. 브랜드를 알고 나서 사람들은 압도적으로 코카콜라를 선호했다.[iii]

신경과학자 리드 몬테규[Read Montague] 교수도 fMRI를 활용해 비슷한 실험을 진행했다. 코카콜라, 맥도날드 등과 같이 강력한 브랜드를 사람들에게 보여 주자 뇌에서 쾌감, 즐거움 등과 관련된 신경 전달 물질이자 호르몬인 도파민이 분비되는 것을 실험을 통해 확인한 것이다.[iv] 품질이 아닌 브랜드가 소비자의 만족도를 좌우할 수 있다는 것이 뇌과학적으로 증명되었다.

과거와 달리 지금은 품질로는 점점 더 차별화하기 힘들다. 좋은 품질과 서비스는 이제 기본이기 때문이다. 막연히 좋지 않다고 여겨졌던 중국산 제품도 놀라울 정도의 품질을 보여 주고 있고, 동네

그림 1-1 로고만 달라졌음에도 상품에 대한 느낌은 전혀 달라진다

에 있는 작은 카페도 그 어떤 글로벌 카페와 비교해도 밀리지 않는 멋진 공간과 맛있는 커피를 선보인다. 심지어 몇몇 유명 패션 브랜드의 경우 모조품이 진품보다 품질이 좋다는 소식도 종종 듣게 된다.[v] 그뿐인가? 인공 지능 기술의 빠른 발전으로 인해 지식도 빠르게 상향 평준화되고 있다. 인터넷에서는 모두가 교수고 모두가 전문가인 세상이다.

이렇게 모든 것이 빠르게 상향 평준화되고 있는 시대에 어떻게 살아남을 수 있을까? 답은 브랜드다. 같은 것을 먹고, 마시고, 입어도 그 만족도는 브랜드에 따라 달라지게 된다. 브랜드는 생각에 영향을 주고, 감각에 영향을 주고, 감정에 영향을 준다. 고객의 만족도가 높아지면 자연스럽게 가치도 높아지고 결과적으로 더 높은 가격으로 판매할 수 있게 된다. 아직도 믿기지 않는가? 그렇다면 그림 1-1처럼 같은 제품에 로고만 스타벅스에서 농협으로 바뀐 것을 보고 직접 판단해 보기 바란다. 메시지Message보다 메신저 Messenger 그리고 프로덕트Product보다 프로듀서Producer가 더 주목받는 브랜드의 시대다.

자체 브랜드Private Brand: PB를 만드는 유통 플랫폼에 지지 않기 위해

아마존 비즈니스 초고수를 알고 있다. 팔릴만한 아이템을 빠르게 찾아내서 아마존에 최적화된 메시지로 시기적절하게 판매하는 것을 자동화하여 큰 이익을 올리고 있었다. 평생 아마존 비즈니스를 해도 될 것 같은 대표님이 어느 날 이해하기 힘든 말을 했다.

"이제 슬슬 다른 비즈니스를 알아보려고요."

처음에는 이해가 되지 않았으나 설명을 찬찬히 들어보니 납득이 되었다. 쇼핑몰 상세 페이지를 만드는 것은 물론이고, 마케팅 또한 자동화가 가능한 시대에 본인 같은 중간 유통업자는 살아남을 수 없다는 것이 그 이유였다. 제조사나 플랫폼은 더 이상 제삼자를 통해 판매할 필요가 없어졌다. 기술의 발달 덕분에 브랜드를 직접 만드는 게 너무나도 쉬워졌기 때문이다.

제조업자도 위기감을 느끼는 것은 마찬가지였다. 제품을 직접 만들고 판매하는 대표님 한 분이 특정 유통 플랫폼의 갑질에 대해 토로했다. 몇몇 유통 플랫폼은 제품이 잘 팔릴수록 더 높은 수수료를 요구하고, 응하지 않으면 해당 제품과 비슷한 PB 상품을 만든다고 했다. 고객이 무엇을 좋아하는지 실시간으로 파악하는 유통 플랫폼을 상대로 제조사가 상품으로 경쟁하는 것은 불가능한 일처럼 보였다.

유통 플랫폼이 PB 상품을 출시하는 것은 어제오늘 일이 아니다. 과거에도 유통업계에 PB 열풍이 불었던 적이 있다. 2016년도에는 대표적인 홈쇼핑 회사들이 앞다투어 PB 상품을 내는 것은 물론이고 회사 내에 전담팀을 구성할 정도로 PB에 대한 관심이 뜨거웠다.[vi] 결과는? 뜨뜻미지근했다. 그러나 그 이후로 한동안 잠잠했던 PB 열풍이 다시 불고 있다. 이번에는 정말 심상치 않다. 더 이상 PB 상품은 제조업체 브랜드^{National Brand: NB}의 저가 대체품을 목표로 하고 있지 않기 때문이다. 비슷한 가격임에도 당당히 소비자의 선택을 받는 브랜드로 거듭나고 있다. 수많은 유통 플랫폼이 다시 PB 상품을 앞다투어 내고 있는 이유가 바로 여기에 있다.

2019년 기준, 아마존이 직접 기획해서 만든 PB뿐만 아니라 제조사가 아마존만을 위해 별도로 만든 PB를 합치면 450개에 달하고, 상품 수는 무려 2만 개가 넘는다. 우리나라 유통 플랫폼도 크게 다르지 않다. 쿠팡은 2017년부터 2020년까지 16개의 새로운 PB를 만들었고, 마켓컬리는 우유 상품 가운데 1위를 기록한 '컬리스 동물 복지 우유'와 식빵 분야 판매 1위를 기록한 'R15 통밀 식

그림 1-2 ▎ 마켓컬리의 '컬리스 동물 복지 우유'와 'R15 통밀 식빵'

빵'이라는 PB를 보유하고 있다.

의류 플랫폼 무신사의 행보는 더 적극적이다. '무진장 신발 사진이 많은 곳'이라는 커뮤니티에서 출발해, 의류 플랫폼을 거쳐, 이제는 PB를 통해 글로벌 의류 브랜드가 되고자 하는 열망을 내비치고 있다. 그리고 '무신사 스탠다드'는 그 열망의 시발점이다. 2023년에 진행된 기자 간담회에서 한문일 무신사 대표는 2024년에만 20개 넘는 오프라인 매장을 신설하여 30호점까지 늘릴 계획이라고 밝혔다.

지금까지 알아본 바와 같이 유통 플랫폼은 앞다투어 자체 브랜드, 즉 PB를 만드는 일에 주력하고 있다. 고객의 마음을 그 누구보다 잘 알고 있기 때문에 가능한 일이기도 하다. 실시간 고객 데이터를 소유한 주체가 유통 플랫폼이기 때문이다. 김병규 교수는 이를 두고 온라인 플랫폼은 생산과 유통을 겸비한 P-플랫폼^{Producing-Platform}으로 진화 중이라고 말했다.[vii] 작은 브랜드의 생존을 위협하는 거센 물결이 빠르게 다가오고 있다.

고객이 언제 무엇을 어떻게 원하는지를 실시간으로 파악하는 P-플랫폼과 그것을 일일이 조사하고 추측해야 하는 작은 브랜드가 단순히 상품과 서비스로 경쟁이 될까? 안 된다. 게임의 룰을 바꿔야만 한다. 생산자가 말하는 객관적인 기능 경쟁에서 소비자가 느끼는 주관적인 생각과 감정 경쟁으로 규칙을 바꿔야 한다. 이 또한 좋은 브랜드가 가능케 한다.

휘발되는 시간을 나의 브랜드에 축적하기 위해

"남 좋은 일 이제 그만하고 싶어요."

기업을 고객으로 하는 B2B^{Business to Business}를 오랫동안 해 온 대표님이 말했다. 업계에서 꽤 오랫동안 그리고 열심히 일해 왔는데 남는 게 크게 없다고 했다. 직원도 늘고 매출 규모도 늘었지만, 그동안의 시간이 하나의 브랜드로 남지 못한 것이다. 모든 노력과 시간은 고객사의 브랜드에 누적되어 있었다.

B2B 업계에 있는 대표님들을 만나 보면 대부분 이러한 고민을 하고 있었다. 자체 브랜드가 없다 보니 하는 일에 비해 이익률이 낮은 것은 물론이고, 축적되는 무언가가 없다는 생각이 드는 것이다. 고객사는 시간이 갈수록 성장하는데, 본인들은 제자리에 정체되어 있는 것 같은 상대적 박탈감이 드는 것이다. 집을 지어 주는 대가로 돈을 꼬박꼬박 받았으나 시간이 흐르면서 부자가 되는 것은 결국 집을 소유한 사람인 것처럼 말이다. 말 그대로 남 좋은 일에 내 모든 것을 쏟아붓는 느낌이 드는 것이다.

자체 브랜드가 없으면 매번 백지에서 새로 시작해야 한다. 상품과 서비스를 알리는 것은 물론이고 고객의 신뢰를 얻는 데도 매번 수많은 돈과 시간을 써야만 한다. 반면 강력한 브랜드를 보유하고 있다면 전혀 다른 이야기가 된다. 소비자는 언제든지 강력한 브랜드의 이야기를 들을 준비가 되어 있기 때문이다. 강력한 브랜드를 보유한 회사가 새로운 사업으로 확장하는 데 용이한 이유가 바로 여기에 있다. 비유를 하자면 브랜드가 없는 회사가 매번 서류 면접, 적성 검사, 인터뷰, 평판도 검사 등의 무수한 시험에 합격해야만 할 때, 강력한 브랜드는 이 모든 시험을 치르지 않고 고객 마음에 한 번에 입사하는 것이다. 시간을 내 편으로 만드는 일, 남 좋은 일 말고 나도 좋은 일을 하기 위해서도 결국 브랜드가 필요하다.

일잘러와 함께하기 위해

삼성물산 패션부문에 입사하고 나서 처음으로 경험했던 일 중 하나가 판매 실습이었다. 2주간 매장에서 근무하면서 판매 직원분들을 옆에서 돕고, 때로는 직접 판매도 해 보는 일이었다. 나는 현대백화점에 위치한 남성 정장 브랜드에 배정되었다. 고객을 눈앞에서 생생하게 바라보는 경험은 너무나도 놀라웠다. 책상 앞에서 데이터나 트렌드 자료를 보며 상상했던 고객의 모습과는 전혀 달랐기 때문이다. 그들은 숫자처럼 고정된 '상수'가 아니라 개개인이 다르고 상황마다 다르게 행동하는 '변수'였다. 사무실에서 만든 마케팅 메시지나 세일즈 프로모션이 판매에 어떻게 도움이 되고 어떻게 도움이 안 되는지도 비로소 알게 되었다.

하루 종일 같이 일을 하다 보니 자연스레 판매 직원분들과 많은 이야기를 나눌 수 있었다. 비슷한 나이의 막내 직원분이 있었는데,

조금 친해지고 나서 이야기를 나누다 보니 충격적인 사실을 알게 되었다. 몇 년 전까지만 해도 지방의 한 의류 매장에서 점장으로 일하면서 대기업 직원 연봉의 몇 배나 되는 돈을 벌었던 것이다. 그렇게나 괜찮은 일을 그만두고 더 적은 돈을 받고 막내 직원으로 일하고 있는 게 이해되지 않았다. 이유를 물었다. 그는 비슷한 질문을 많이 받았었는지 씩 웃으면서 답했다.

"대기업 브랜드에서 일해 보고 싶었어요. 돈을 적게 받더라도요. 기왕이면 메이저리그에서 한 번 뛰어 봐야죠."

이처럼 강력한 브랜드는 좋은 인재를 강력하게 끌어당기는 자석과도 같다. 비록 월급이 적더라도 회사에 남아 있게 만드는 원동력이 되기도 한다. 돈만으로는 충족되지 않는 자부심을 느끼게 해 주기 때문이다. 나 또한 삼성에 막 입사했을 무렵에는 그 무엇보다 '삼성'이라는 브랜드에 취해 있었다. 동기들과 함께 '파란 피를 수혈했다'라는 말을 농담 반 진담 반으로 했고, 회사에서 나누어 준 삼성 배지Badge를 누가 시키지 않아도 늘 정장에 꽂고 다녔다. 지금 생각하면 겸연쩍기도 한데 결국 이 모든 것이 삼성이라는 브랜드가 강력했기 때문에 벌어진 일이다. 반대로 생각하면 브랜드의 힘이 약하면 좋은 인재를 고용하기도 힘들고 유지하기도 어렵다.

어느 날 인스타그램에 뜬 영상이 내 눈길을 사로잡았다. 비니를 쓴 남자가 심각한 표정으로 '제가 브랜드가 되기로 했습니다'라고 말하고 있었다. 그는 이어서 말했다. 팔로워만 보고 직원을 뽑았더

그림 1-3 필아웃 커피 인스타그램 화면

니 레시피만 배우고 퇴사하고, 열정적인 직원을 뽑아서 가르쳤더니 경쟁사 사장이 되었고, 열심히 일하는 직원에게 투자했더니 많이 배워서 유명한 경쟁사로 이직했다고 말했다. 이 모든 것이 자신의 브랜드가 약해서임을 깨닫고 스스로 브랜드가 되기로 마음먹었다는 내용이었다. 강력한 브랜드가 있어야만 좋은 인재를 뽑고 유지할 수 있음을 절실하게 깨달은 필아웃 커피 대표의 말이었다. 작은 브랜드를 운영하는 분이라면 모두 공감하는 내용일 것이다.

우스갯소리로 자동차는 승차감과 하차감이 있다고 말한다. 승차감은 자동차를 운전할 때 직접적으로 느낄 수 있는 편안함, 쾌적함, 만족감 등의 감정이다. 하차감은 자동차에서 내릴 때 타인의 시선을 통해 느끼는 자부심, 만족감 등의 감정이다. 비유하자면 승차감이 '연봉, 복지' 등의 객관적인 근무 조건이라면 하차감은 회사가 구성원에게 줄 수 있는 주관적인 감정이다. 인재를 유치할 때 작은 브랜드가 돈과 여유가 많은 큰 브랜드와 승차감으로 경쟁하는 것은 바보짓이다. 하차감으로 승부해야만 조금이라도 승산이 있다. 이 또한 브랜드가 큰 역할을 한다.

기술이 만들어 내는 승자 독식 시장에서 살아남기 위해

"헤이 카카오, 생수 주문해 줘!"

스마트 스피커(혹은 스마트 냉장고)가 대중화된 미래에 이렇게 말한다면 카카오는 어떤 생수를 주문할까? 가격이 가장 저렴한 생수? 사람들이 가장 많이 구매하는 생수? 그것도 아니라면 카카오에 광고비를 가장 많이 지불하는 생수? 고객의 선호도나 환경 설정, 관련 법규에 따라 아마도 달라질 것이다. 다만 변하지 않는 것이 있다. 이러한 환경에서 살아남기 위해서는 반드시 가격 경쟁을 하거나 광고비 경쟁을 해야 한다는 사실이다. 즉 이익률을 낮추어야만 매출을 높일 수 있다는 이야기다. 하지만 소비자가 다음과 같이 말한다면 어떨까?

"헤이 카카오, 삼다수 주문해 줘!"

이 경우에 카카오는 100% 삼다수를 주문할 것이다. 다른 옵션은 없다. 삼다수는 삼다수일 뿐이다. 그 어떤 가격 경쟁이나 광고비 경쟁도 필요 없다. 고객이 물이 아닌 삼다수를 요청했다면 카카오는 삼다수를 주문해야만 한다. 삼다수는 '목이 마르니 아무 물이나 마셔도 돼'라는 소비자의 단순 니즈^{Needs}를 충족하는 상품이 아니라 '삼다수여야만 해'라는 소비자의 강력한 원츠^{Wants}를 충족하는 브랜드이기 때문이다.

스마트 스피커뿐만이 아니다. 기술의 진보는 모든 곳에서 승자 독식 시장을 만드는 경향을 보인다. 인터넷 강의가 활성화되면서 사교육 업계에서는 과목당 한두 명의 스타 강사에게 학생들의 쏠림 현상이 발생했다. 전국의 수험생들은 그냥 수학 강의가 아니라 현우진 수학 강의, 그냥 사회탐구 강의가 아니라 이지영 사회탐구 강의를 요구한다. 20명 남짓의 강사가 수능 시장을 과점하게 된 것이다. 이를 두고 업계에서는 '피라미드를 넘어 압정 수준'의 승자 독식 시장이라 부르고 있다.[viii] 퍼스널 브랜드를 구축한 일부 강사만이 살아남는 것이다.

온라인 플랫폼도 마찬가지다. 사용자가 늘면 효용성이 증가하는 네트워크 효과의 강화로, 메신저는 카카오톡, 긴 영상은 유튜브, 짧은 영상은 틱톡처럼 하나의 플랫폼이 독식하고 있다. 상품과 서비스도 전반적으로 다르지 않다. 기술의 발달은 정보량의 증가로 이어진다. 너무 많은 정보로 인해 혼란스러운 소비자의 선택은 뻔하다. 어디를 가나 '많은 리뷰순' '낮은 가격순', '판매량순'과 같이 1등 제품만 구매하게 된다. 1등이 아닌 브랜드는 소비자의 눈에 보이지도 않게 되는 것이다. 소비자가 명확히 인지한 브랜드가 아니라면 이러한 승자 독식 시장에서 살아남을 수 없다. 기술이 발전할수록 브랜드가 더더욱 중요해지는 이유이기도 하다.

브랜딩이 소비자에게 필요한 이유

소비자에게는 브랜드가 왜 필요할까? 더 정확히 물어보자면 소비자는 왜 브랜드에 열광할까? 2년 가까이 브랜딩 관련 모임을 진행하면서 이와 관련한 질문을 수없이 했던 것 같다. 내가 얻은 답은, 브랜드에 열광하는 이유는 사랑과 비슷하다는 점이었다. 누군가를 사랑한다는 것은 이성이 아닌 감성이 앞서는 행위다. 이성은 그 감성을 뒤늦게 해석하는 일종의 해몽가다. 나도 모르는 사이에 누군가를 사랑하게 되고 왜 사랑하는지에 대한 답을 뒤늦게 찾는 것이다.

무엇이 소비자로 하여금 브랜드를 사랑하게 만드는 것일까? 다양한 요인이 있겠지만, 크게 두 가지로 요약할 수 있다. 불편함을 없애 주는 편안함과 결핍을 채워 주는 충족감이다. 더 구체적으로 말하자면 수많은 선택지를 고려해야 하는 불편함을 단 하나의 선택지로 바꾸어 주는 편안함 그리고 정체성의 결핍을 채워 주는 충족감이다.

선택지를 줄여 주는 편안함

인터넷이 처음 등장했을 때 '정보의 바다'라 불렸다. 말 그대로 정보가 순식간에 급증해서 바다처럼 넘쳐났기 때문이다. 오늘날 '정보의 바다'라는 표현은 충분하지 않다. 컴퓨터를 넘어 휴대폰과 손목시계, 그리고 헤드셋 등으로 인터넷이 확장되면서 정보는 공기와 같이 우리가 피하려야 피할 수 없는 존재가 되었기 때문이다. 2011년에는 이미 이틀마다 5엑사바이트^{exabyte}의 콘텐츠가 생성되기 시작했다. 지구의 시작부터 2003년까지 인간의 입에서 나온 모든 말을 저장할 수 있는 어마어마한 규모의 단위가 5엑사바이트다.[ix] 어쩌면 우리는 정보 속에서 살아가고 있는지도 모르겠다.

정보 중에서도 소비자의 관심을 끄는 적극적인 광고는 우리의 눈과 귀를 하루 종일 따라다닌다. 눈을 뜨고 귀를 열고 있다면 광고 메시지를 피하려야 피할 수 없다. 매일 우리에게 노출되는 광고의 숫자는 어느 정도일까? 100개? 1,000개? 아니다. 2017년《포브스 Forbes》기사에 따르면 적게는 3,000개에서 많게는 10,000개에 달한다.[x] 각 광고에 담긴 수많은 메시지까지 고려한다면 우리는 숨막히게 많은 광고 메시지에 둘러싸여 있다. 소비자가 상품과 서비스를 선택할 때 날이 갈수록 불편함을 크게 느끼는 이유가 바로 여기에 있다. 이를 선택 과부하choice overload라고 부른다. 정보가 너무나도 많아서 이를 모두 이해할 수 없고 더 나은 선택지가 있을 수도 있다는 가능성 때문에 결정에 대한 두려움도 커진다. 결국 선택에 대한 책임감이 기하급수적으로 늘어나는 것이다.

이럴 때 '믿을만한 브랜드'는 선택 과부하라는 불편함을 단번에 해결해 준다. 노트북을 사려고 하는데 정보가 부족한 사람이라면 아마도 '삼성'이나 'LG' 노트북을 고려할 것이다. 다소 비싸더라도 그게 여러모로 편하기 때문이다. CPU니 RAM이니 그래픽 카드니 하는 정보를 일일이 비교할 필요가 없다. 그냥 브랜드를 믿고 사면 고민할 필요가 없다.

과거에 브랜드는 좋은 품질의 상징이었다. 나이키 운동화는 가품인 나이스 운동화보다 튼튼했고 착용감도 월등히 좋았다. 말하지 않아도 진품과 가품의 차이를 쉽게 알 수 있었다. 그렇기에 브랜드만 보고 사는 것이 합리적인 선택이라고 할 수 있었다. 요즘은 그렇지 않다. 진품과 가품을 품질만으로 구별하기는 힘들다. 심지어 가품의 품질이 더 좋은 경우도 종종 있다. 그럼에도 불구하고 우리는 과거와같이 브랜드를 선택의 기준으로 삼는다. 그것이 우리에게 편하기 때문이다. 더 정확히는 우리 뇌에 편안함을 선사하기 때문이다.

인간의 뇌는 몸무게의 2%밖에 되지 않지만 소모하는 에너지는 20%에 달한다. 생존을 위해 불필요한 뇌의 활동을 최소화해야만 하는 이유가 바로 이 때문이다. 우리가 일상에서 대부분의 결정을 숙고하지 않고 반사적이고 자동적으로 하는 이유는 뇌의 에너지를 아끼기 위해서다. 일종의 생존 본능이다. 브랜드는 이러한 생존 본능에 부합한다. 불편한 선택의 과정을 단순하게 만들어 소비자에게 편안함을 선사해 준다. 브랜드는 그런 힘을 갖고 있다.

정체성의 결핍을 채워 주는 충족감

2017년부터 독서 모임을 비롯하여 다양한 모임을 진행해 왔다. 모임의 주제에 따라, 모인 사람의 연령대에 따라, 나누는 이야기는 달랐지만 그 모든 것을 하나의 단어로 표현한다면 '나'라고 할 수 있다. 대화의 종착지는 결국 '나'에 관한 것이었다. 재미있는 점은 세대별로 '나'에 대한 확신의 정도가 다르다는 점이었다. X세대에서 Z세대로 갈수록 정체성이 흐릿해지는 것처럼 보였다. 이를 간략히 표현하면 다음과 같다(세대 구분은 개략적인 경향성 정도로만 참고하면 좋을 것 같다).

X세대는 "나는 이것을 원한다!"

M(밀레니엄) 세대는 "나는 무엇을 원하지?"

Z세대는 "나는 무엇을 원해야 하지?"

철학자 이졸데 카림^{Isolde Charim}도 세대별로 나누어 개인주의를 설명했는데 정체성 문제와 맞닿아 있다. 이를 우리나라 사람에 빗대어 설명하면 아래와 같다.

1세대 개인주의자는 "나는 한국인이야."

2세대 개인주의자는 "나는 남성이야."

3세대 개인주의자는 "나는 누구든 될 수 있어. 그래서 나는 누구지?"

1세대 개인주의자는 자신의 정체성을 국가와 결부시킨다. 한국인다움이 곧 나다움이 된다. 2세대 개인주의자는 국가와 같은 거대 공동체가 아니라 개인의 젠더, 신념, 취향, 지향성 등과 같이 개인화된 정체성을 갖는다. 3세대 개인주의자가 특이하다. 1세대, 2세대 개인주의자와 같은 확실한 정체성이 없다. 누구든 될 수 있다보니 그 누구도 될 수 없다. 스스로를 어떻게 생각하고 규정해야할지를 끝없이 묻고 또 묻는다. 명확한 기준점이 없다 보니 외부의도움을 청하거나 외부의 기준을 그대로 따르기도 한다.^{xi} 요즘 세대가 나를 구체적으로 정의해 주는 MBTI 등에 과몰입하는 현상도이와 관련이 있지 않나 싶다.

소비자가 브랜드에 점점 더 몰입하는 이유도 여기에 있다고 생각한다. 소비자는 단순히 브랜드의 상품과 서비스를 구매하는 것이 아니다. 브랜드를 구매함으로써 정체성을 획득하는 것이다. 나이키를 구매하면서 '그냥 하는 사람Just Do It'이라는 정체성의 조각을 획득하고, 애플 마니아가 됨으로써 '다르게 생각하는 사람Think Different'이라는 정체성의 조각을 얻는다. 흐릿한 본인의 정체성을 브랜드로 명확하게 만들고 이를 다른 사람에게도 드러내는 것이다.

브랜드는 본인을 바라보는 타인의 시선도 다르게 만든다. 유튜브에서 화제가 되었던 한 영상이 이를 잘 보여 준다. 〈흑인이 스타벅스 라떼를 마셔야 하는 이유〉라는 제목의 영상이다. 영상 속 주인공은 같은 흑인 남성들에게 스타벅스 컵을 들고 다니라고 조언한다. 이어서 영상에 함께 나온 친구들에게 컵을 건네며 스타벅스 컵을 들고 있을 때 자신들이 얼마나 평범하고 안전해 보이는지를 설명한다. 그의 말처럼 스타벅스 종이컵을 드는 순간 더 상냥하고 더 무해한 사람처럼 보이기 시작한다. 그는 이어서 자조적인 말까지 덧붙인다. "이렇게 스타벅스를 손에 들고 다니면 밖에 나가도 경찰이 괴롭히지 않을 것이다." 브랜드가 한 사람의 정체성을 순식간에 바꾸는 것이다. 타인의 눈에도 말이다.

흑인들이
스벅라떼를
마셔야 하는
이유

점점 더 많은 브랜드가 광고에서 상품과 서비스를 직접적으로 보여 주기보다는 철학적 메시지를 강조하는 이유도 이 때문이다.

소비자가 겪는 정체성의 결핍을 해소해 주기 위해서다. 《하버드 비즈니스 리뷰》 최고 논문 부문에서 맥킨지상을 4회나 수상한 테오도르 레빗Theodore H. Levitt은 다음과 같이 말했다.

"고객은 0.25인치 드릴을 원하는 것이 아니라 0.25인치 구멍을 원하는 것이다."

소비자가 원하는 것은 '드릴'이 아니라 드릴을 통해 얻을 수 있는 '구멍'임을 강조하는 말이다. 다시 말해 생산자 입장에서 제품과 서비스의 장점인 메리트merit를 어필하지 말고, 소비자 입장에서 얻을 수 있는 효용인 베네핏benefit을 이야기하라는 말이다. 브랜딩은 여기서 한 발짝 더 나아간다. 소비자가 그 구멍을 통해 어떠한 정체성identity을 획득할 수 있는지를 제안하는 것이다. 0.25인치 구멍을 통해 옷장을 만들려는 사람에게는 세계적인 여성복 디자이너라는 정체성을 전한다. 0.25인치 구멍에 농구대를 걸고자 하는 사람에

드릴: 제품의 특장점인 메리트

구멍: 소비자가 얻는 효용인 베네핏

소비자가 되고 싶은 정체성

그림 1-4 메리트와 베네핏을 넘어 정체성까지 제안하는 브랜딩

게는 NBA 스타라는 정체성을 획득하게 해 준다. 브랜딩은 베네핏에 머물지 않고 정체성까지 제안한다. 좋은 브랜드는 이를 설득력 있게 말하고 소비자는 이에 열광한다.

지금까지 생산자와 소비자 관점에서 브랜딩이 필요한 이유를 알아봤다. 필요성을 알아보는 과정에서 브랜딩에 대한 나만의 그림이 어느 정도 그려졌을 것이다. 이제 이 그림을 조금 더 구체적으로 그려 보자. 마케팅이 그러하듯 브랜딩도 그 정의가 다양하다. 아니 마케팅보다 훨씬 다양하고 훨씬 복잡할 수도 있다. 이럴 때는 가장 단순했던 때로 돌아가 보는 것이 좋은 방법이다. 브랜딩이 탄생했던 시기로 거슬러 올라가 보는 것이다. 지금부터 브랜딩의 시작점으로 가 보자.

브랜딩의
탄생

브랜딩은 상당히 복잡한 개념이다. 소비자의 머릿속에서 반짝이는 생각이자 소비자의 가슴속에서 요동치는 감정이 브랜드이기 때문이다. 마케팅, 광고, 홍보는 오롯이 생산자 관점에서 정의 내릴 수 있지만 브랜딩은 소비자 관점에서 완성될 수밖에 없는 이유다. 이렇게 복잡하고 모호한 개념을 알아볼 때는 단어의 시작점으로 가보면 큰 도움이 된다.

먼저 브랜드의 어원부터 살펴보자. 브랜드는 '태우다to burn'라는 의미의 고대 노르드어 'Brandr'에서 비롯되었다. 과거에 목장주는 본인이 키우는 가축에 '종원이네', '은영이네'와 같은 각자의 낙인을 찍어 소유주를 표시했는데 이 낙인을 브랜드라고 부른다. 브랜드를 찍는 행위는 브랜딩이 된다. 처음에는 단순히 소유주를 표시하는 데 그쳤지만, 소비자에게도 점차 어떠한 상징이 되었을 것이다. 같은 소라도 '종원이네'라는 낙인이 찍힌 소가 더 건강하다든지, '은영이네'라는 낙인이 찍힌 말이 더 빨리 달린다는 것과 같은 인상이 생겼을 것이다. 또한, 그에 따르는 호불호, 즉 감정이 생겼을 것이다.

사람도 비슷하다. 고대 로마 문명 초기에는 전 국민이 토가Toga를 입었다. 계급에 상관없이 남녀노소 모두 하얀색 양모로 만든 반원형 천을 어깨와 몸 주변에 걸쳐서 입은 것이다. 기원전 2세기에 들어서서 큰 변화가 생겼다. 차별화된 토가를 입을 수 있는 이들을 규정하는 사치 금지령이 내려진 것이다. 남성 정치 계급만 특정 디자인이나 염료로 물들인 토가를 입을 수 있게 되었다. 가축에 낙인을 찍듯 옷에 염료를 물들인 것이다. 이때부터 옷만 보고도 사람들은 특정한 인상을 갖고 감정을 느끼게 되었다.[xii] 일종의 퍼스널 브랜딩이 시작된 것이다.

그렇다면 현대적인 개념의 브랜딩은 언제 탄생했을까? 산업 혁명 이후 대량 생산이 본격적으로 시작된 19세기 후반으로 보는 것이 일반적이다. 대량 생산이 본격화되기 이전, 즉 공급보다 수요가 많았을 때는 생산자가 왕이었다. 유럽에서는 19세기 이전까지만 해도 우리에게 익숙한 쇼윈도가 있는 매장은 거의 없었다. 소비자는 상점에서 무엇을 파는지도 모르고 들어가서 무엇이라도 사서 나와야만 했다. 눈으로만 둘러보는 윈도우 쇼핑(아이쇼핑)은 꿈도

꿀 수 없었다. 생산자가 '특별히 팔아 준다'는 갑의 위치에 있었기 때문이다.

산업 혁명 이후에는 공급이 점점 늘면서 소비자 중심의 상점이 속속 등장했고 상황이 역전됐다. 소비자가 '특별히 사 준다'라는 위치에 서게 된 것이다. 먼저 화려한 쇼윈도를 갖춘 오늘날 상가에 해당하는 마가쟁 드 누보테Magasin de Nouveautés가 등장했고 이어서 오늘날 백화점에 해당하는 거대 규모의 그랑 마가쟁Grand Magasin이 등장하여 본격적인 소매업의 탄생을 알렸다.[xiii] 이때부터 브랜딩이 본격적으로 필요해졌다. 우리 제품이 경쟁사의 제품보다 낫다는 것을 소비자에게 알려야만 팔 수 있었기 때문이다. 이때의 브랜딩은 단순한 '구별 짓기'에 가까웠다.

수요에 비해 공급이 폭발적으로 늘어나면서 모두가 어렴풋이 브랜딩의 필요성을 느꼈지만, 그것이 명확히 무엇인지는 몰랐다. 브랜딩은커녕 '마케팅'이라는 용어도 20세기 초반까지만 해도 전문 서적에서 찾아볼 수 없었다. 그 당시 주류 경제학자들은 모든 경제 현상을 수요와 공급 그리고 가격으로만 설명할 수 있다고 믿었기 때문이다. 소비자 중심의 마케팅이라는 개념이 필요 없다고 생각한 것이다. 이에 동의하지 않았던 일부 경제학자들이 소비자 중심의 시각을 이야기하기 시작했고 20세기 초반에 비로소 최초의 마케팅 교재들이 속속 등장하기 시작했다.[xiv]

1929년 대공황은 브랜딩에 불을 지폈다. 공급은 넘쳐나는데 수

요가 부진하니 브랜딩의 중요성이 더더욱 부각된 것이다. 소비자의 선택을 받기 위한 치열한 경쟁이 시작되었다. 이때 브랜딩을 정교화한 기업 중 하나가 오늘날 '마케팅 사관 학교'라고도 불리는 P&G Procter&Gamble이다. 우리에게는 페브리즈, 질레트, 오랄비 등으로 잘 알려진 기업이다. P&G는 대공황과 제2차 세계 대전 이후의 시장에서 살아남기 위해 브랜드 관리 체계Brand Management System: BMS를 도입하고 각 브랜드에 담당자를 배정했다. 이를 다양한 기업들이 모방하고 발전시키면서 브랜딩은 점차 고도화되기 시작했다.[xv]

브랜딩의 탄생부터 현대 브랜딩의 초기 단계를 보면서 알게 되는 사실이 있다. 브랜딩은 소비자의 선택을 받기 위한 '구별 짓기'라는 몸부림에서 시작했다는 것을 말이다. 상품과 서비스가 많아질수록 구별 짓기를 위한 몸부림은 더욱더 정교해지고 치열해진다. 여기서 명심해야 할 것이 있다. 구별 짓기는 단순히 소비자의 머릿속에서만 이루어지는 것이 아니라는 사실이다. 가슴에서도 이루어진다. 이유는 잘 모르겠지만 왠지 좋은 브랜드가 있고 그냥 싫은 브랜드가 있다. 머리는 구별할 수 없지만, 가슴이 구별하는 브랜드가 있다는 말이다. 다시 말해 브랜드는 '머리'와 '가슴'의 합이라는 이야기다. 이는 최종적으로 '정체성'이 된다.

근대 과학의 선구자로 불리는 아이작 뉴턴 Isaac Newton은 다음과 같은 말을 했다.

"내가 더 멀리 볼 수 있었다면, 그것은 거인의 어깨 위에 올라서서 볼 수 있었기 때문이다."

이제 우리도 거인의 어깨 위에 올라서서 조금 더 멀리 볼 차례다. 소비자의 '머리'와 '가슴'의 합을 꿰뚫어 본 브랜딩의 거인들을 만나 보자.

고수들이
말하는 브랜딩이란?

↗

브랜딩을 깊이 공부하다 보면 무조건 마주치게 되는 이름이 있다. 그의 이름은 데이비드 아커^{David Aaker}다. 브랜드 분야 3대 석학으로 꼽히는 사람이다.[2] 우리나라에서 브랜딩 전문가로 활동하는 사람 치고 그의 책을 읽어 보지 않은 사람은 없을 것이다. 그만큼 브랜딩에 있어서 큰 영향력을 행사하는 전문가다. 그는 브랜드 아이덴티티^{Brand Identity}, 브랜드 자산^{Brand Equity}[3], 브랜드 전략에 관한 이론을 고도화했다. 그가 말한 수많은 이론을 여기서 다 열거하기보다 '브

---

2 다른 두 석학으로 장 노엘 캐퍼러(Jean-Noel Kapferer), 케빈 레인 켈러(Kevin Lane Keller)가 꼽힌다.

3 브랜드 자산은 소비자가 느끼는 ❶브랜드 인지도(Brand Awareness), ❷브랜드 연상(Brand Association), ❸지각된 품질(Perceived Quality), ❹브랜드 충성도(Brand Loyalty), ❺독점적 브랜드 자산(Propriety Assets)의 총합이다. 브랜드 자산이 증가하면 브랜드의 상품과 서비스 가치도 증가하는 경향성을 보인다.

랜드 아이덴티티'에 초점을 맞추어 이야기해 볼까 한다.

브랜드 아이덴티티는 '소비자가 우리 브랜드를 이렇게 보고 생각해 주었으면 좋겠다'라는 생산자의 열망이자 의도다. 생산자의 목표 정체성이라고 말할 수 있다. 이와 비교해서 생각해 봐야 할 것이 '소비자가 실제로 우리 브랜드를 보고 생각하는' 브랜드 이미지Brand Image다. 소비자의 인식 정체성이라 볼 수 있다. 좋은 브랜드는 브랜드 아이덴티티와 브랜드 이미지 간에 큰 차이가 없다. 생산자의 목표 정체성과 소비자의 인식 정체성에 큰 차이가 없다는 말이다. 이러한 관점에 한정하여 데이비드 아커의 브랜딩을 정의하면 '생산자가 추구하는 바대로 소비자가 브랜드를 인지하고, 연상하고, 충성하게 만드는 활동'이라고 말할 수 있다.[xvi] 나는 이를 참고하여 《마케팅 뷰자데》에서 브랜딩을 '기업이 추구하는 이미지와 고객이 생각하는 이미지의 간극을 긍정적으로 좁히는 활동'이라고 정의했었다.[xvii]

또 다른 고수로 마티 뉴마이어Marty Neumeier가 있다. 데이비드 아커가 1시간 분량의 깊이 있는 브랜딩 롱폼Long-form 영상이라면, 그는 1분 미만의 간단명료한 브랜딩 숏폼Short-from 영상이다. 카피라이터 출신이라 그런지 말하고자 하는 바가 군더더기 없이 단순하면서도 강렬하다. 그는 브랜드와 브랜딩을 다음과 같이 정의했다.

"브랜드는 상품과 서비스 그리고 회사에 대한 고객의 직감이다. 브랜딩

은 소비자를 즐겁게 만드는 것을 통해 지속적인 가치를 구축해 나가고

자 하는 회사의 노력이다."[xviii]

요약해 보면 이렇다. 데이비드 아커가 고객의 '생각'에 초점을 맞추었다면 마티 뉴마이어는 고객의 '느낌'에 초점을 맞추었다. 이 둘을 합치면 브랜딩은 결국 브랜드에 대한 고객의 '생각'과 '느낌'의 합을 만들어 가는 과정이라고 볼 수 있다. 세계적인 경영 컨설턴트인 빌 비숍[Bill Bishop]도 《핑크펭귄》에서 이와 비슷하게 말했다.

"당신의 '브랜드'는 고객이 당신과 당신의 회사에 대해 갖고 있는 생각과 느낌의 조합이다."

"패키징은 고객의 머리와 가슴에 브랜드를 각인하기 위해 이용하는 아이디어와 표현, 이미지, 경험 등을 조합하는 작업이다."[xix]

빌 비숍은 브랜딩과 패키징을 엄밀히 구분해서 말했지만, 쉽게 이해할 수 있도록 여기서는 패키징을 브랜딩으로 생각해 보자. 그러면 지금까지 알아본 고수들의 브랜딩에 대한 정의에서 크게 벗어나지 않는다. 이를 종합해 보면 다음과 같다.

"브랜딩은 고객의 머리(생각)와 가슴(느낌)에 긍정적으로 브랜드를 각인하기 위한 모든 활동이다."

브랜드 아이덴티티 →	브랜드 커뮤니케이션 →	브랜드 이미지
생산자는 상품과 서비스의 언어적 요소와 비언어적 요소를 비즈니스 목표에 맞게 조합하여 브랜드 아이덴티티를 만든다.	생산자는 소비자가 브랜드와 직간접적으로 만나는 모든 접점에서 브랜드 아이덴티티를 의도한 대로 경험할 수 있게 커뮤니케이션한다.	소비자는 브랜드에 대한 생각과 느낌의 총합인 브랜드 이미지를 완성한다.

표 1-1 브랜딩의 3단계

이를 단계별로 나누어 생각해 보자. 먼저 브랜드 아이덴티티를 만든다. 크게 상품과 서비스의 언어적 요소(네이밍, 슬로건, 스토리텔링 등)와 비언어적 요소(로고, 색상, 디자인, 음향, 향기 등)의 조합을 통해 만드는 것이 일반적이다. 다음으로 이렇게 만든 브랜드 아이덴티티를 모든 소비자 접점에서 경험할 수 있게 만든다. 이를 브랜드 커뮤니케이션이라 부른다. 마지막으로 소비자의 차례다. 상품과 서비스를 직간접적으로 경험하는 과정을 통해 본인만의 브랜드 이미지를 만든다. 생산자가 전하는 바와 소비자가 실제로 느끼는 바가 얼마나 일치하는지에 따라 브랜딩의 성패가 갈린다. 긍정적인 방향으로 일치할수록 좋은 브랜드가 된다.[xx]

이 정도로 브랜딩을 이해하면 충분하다. 아니 차고 넘친다. 대부분의 사람은 심지어 몇몇 전문가들도 브랜딩을 이처럼 명쾌하게 정의하지 못하기 때문이다. 다만 브랜딩 법칙 ZERO에서는 조금 다르게 정의하고 싶었다. 브랜딩 법칙 ZERO 답게 더 간단하고 더 직관적으로 브랜딩을 정의하고 싶었다. 작은 브랜드만을 위한 브

랜딩의 정의를 내리고 싶었다. 본질에서 크게 벗어나지 않으면서
도 색다르게 브랜딩을 바라보고 싶었다. 쓰고 지우기를 수차례 반
복하는 와중에 하나의 문장이 벼락같이 내리쳤다.

"브랜딩은 사랑받는 메신저를 만드는 일이다."

사랑받는
메신저를 만드는 일[4]

이것은 길고 짧으며, 무거우면서 가볍고, 밝으면서 어둡다. 이것은 무엇일까? 정답은 세상 모든 것이다. 비교 대상에 따라 세상 모든 것은 상반된 속성을 띠게 되어 있다. 다시 말해 비교 대상이 없다면 그 무엇도 명확하게 정의 내리기 힘들다는 말이다. 브랜딩 법칙 ZERO에서 말하는 브랜딩도 마찬가지다. 적절한 비교 대상을 두고 알아보아야만 뜻이 명확해진다. 브랜딩과 함께 언급되곤 하는 마케팅이 가장 적절할 것 같다. 이 둘부터 한번 차근히 비교해 보자.

---

4 '사랑받는 메신저를 만드는 일'은 '사랑받는 메신저를 유지 및 관리하는 일'도 포함한다.

브랜딩과 마케팅

브랜딩과 마케팅의 공통점은 무엇일까? 단적으로 말하자면 판매다. 둘 다 궁극적으로는 소비자에게 가치를 전하여 이익을 얻기 위한 행위라고 볼 수 있다. 차이점은 무엇일까? 목표와 그에 따른 방법이 다르다. 많은 브랜딩 전문가가 공통으로 말하듯 브랜딩은 큰 방향성에 해당하는 '전략', 마케팅은 세부적인 실행 계획을 뜻하는 '전술'이다. 나는 이를 다른 측면에서도 말하고 싶다. 브랜딩은 '메신저who', 마케팅은 '메시지what'를 만드는 작업이라고 말이다. 이를 아리스토텔레스가 《수사학》에서 말한 설득의 세 가지 요소에 빗대어 생각해 볼 수 있다.

　아리스토텔레스가 말한 설득의 세 가지 요소 중 첫 번째는 논리적인 설득Logos: 로고스이다. 논증, 근거, 사실 등을 제시하면서 듣는 사람의 이성을 자극하는 메시지를 전하는 것이다. 다음으로 감정적인 설득Pathos: 파토스이다. 분노나 연민, 시기와 질투, 두려움과 자신감 등과 같이 듣는 이의 감정을 강력하게 자극하는 메시지를 전하는 것이다. 마지막으로 인격적인 설득Ethos: 에토스이다. 논리적인 설득이나 감정적인 설득과는 전혀 다르다. '메시지'가 아닌 말하는 사람, 즉 '메신저'로 설득하기 때문이다. 말하는 사람의 신뢰도 그리고 청중과의 인격적 연대감 등이 설득의 핵심 요소로 작용하는 것이다.[xxi] 똑같은 영화 평론을 해도 내가 하는 것보다 이동진 평론가가 하는 것이 더 설득력이 있는 것처럼 말이다(물론 똑같이 할 수 있다는 말은 아니다).

이에 빗대어 생각해 보면 브랜딩은 '인격적인 설득Ethos'에 가깝고, 마케팅은 '논리적이고 감정적인 설득Logos & Pathos'에 가깝다. 다시 말해 브랜딩은 '메신저', 마케팅은 '메시지'로 설득한다. 마케팅은 제품과 서비스의 특장점을 논리적으로 말하고Merit, 소비자가 느낄 수 있는 가치와 감정Benefit을 강조한다. 이를테면 이렇다. '100% 천연 재료로 만든 ○○화장품을 사용하는 당신은 매일매일 새로운 아름다움을 마주하게 될 것입니다'와 같이 말이다. 브랜딩은 다르다. 좋은 브랜딩은 좋은 브랜드를 만들고 최종적으로 좋은 브랜드로 소비자를 설득할 수 있다. 제품과 서비스의 특장점을 구태여 논리적으로 그리고 감정적으로 설득하지 않는다. 브랜드 그 자체를 강조하면 된다. 우리나라에서 최초로 등록된 상표이자 국민 브랜드로 꼽히는 동화약품의 '까스활명수'만 봐도 잘 알 수 있다. 까스활명수가 강조하는 메시지가 무엇인가? 단순하다. '부채표가 없는 것은 활명수가 아닙니다' 브랜드 그 자체로 설득하고 있는 것이다.

여기서 한 가지 오해하지 말아야 할 것이 있다. 브랜딩과 마케팅은 별개가 아니라는 점이다. 메신저가 메시지를 만들고, 메시지가 메신저를 만들듯, 브랜드가 마케팅을 만들고 마케팅이 브랜드를 만든다. 이 둘은 긴밀하게 연결되어 있다. 마케팅 활동이 누적되어 하나의 브랜드가 되고, 브랜드의 영향력에 따라 마케팅의 결과도 달라지게 된다. 앞으로 자세히 알아볼 브랜딩 법칙 ZERO에 전통적인 의미의 마케팅 전략이 들어간 이유이기도 하다.

브랜딩과 브랜드

마케팅과의 비교를 통해 브랜딩의 그림을 어느 정도 그려 보았다. 여기서 한 가지 더 구분할 개념이 있다. 바로 브랜딩과 브랜드다. 대부분 브랜딩은 원인이고 브랜드는 결과라고 말한다. 맞는 말이다. 다만 한 가지 요소가 빠졌다. 원인과 결과 사이에 있는 소비자다. 심리학자 알버트 엘리스^{Albert Ellis}가 말한 ABC 이론을 통해 자세히 알아보자.

A는 발생한 사건^{Activating event}이다. 어느 날 직원이 갑자기 그만둔 사건이 일어났다고 생각해 보자. 그렇다면 결과^{Consequence}인 C는 무엇일까? 분노, 슬픔, 좌절과 같은 부정적인 감정일까? 폐업이라는 끔찍한 결말일까? 아니다. A와 C 사이에는 B가 존재하기 때문이다. 사건 A를 해석하는 신념^{Belief} B에 따라 결과 C가 결정된다. 직원이 갑자기 그만둔 사건(A)을 인사 시스템의 개선이나 사람이 없어도 돌아가는 시스템을 만들어야 하는 계기로 해석(B)한다면 결과(C)는 사업의 성장이 될 수 있다.

브랜드도 마찬가지다. 생산자의 브랜딩을 소비자가 어떻게 해석하느냐에 따라 브랜드라는 결괏값이 정해진다. 여기서 중요한 말이 '해석'이다. 대부분 고객 '경험'을 말하지만, 이 단어로는 부족하다. 고객 '해석'을 중점에 두어야 한다. 2002년 노벨경제학상을 수상한 대니얼 카너먼Daniel Kahneman은 다음과 같이 말했다.

"우리는 '단순 경험'이 아닌 '경험에 따른 기억'을 통해 선택한다."

여기서 말하는 경험에 따른 기억을 두 글자로 '해석'이라고 할 수 있다. 소비자는 생산자가 제시한 대로만 브랜드를 해석하지 않는다. 소비자는 수동적으로 받아들이는 존재가 아니라 능동적으로 참여하고 재해석하는 존재다. 이를 염두에 두고 브랜딩을 진행해야 한다. 소비자를 브랜딩 활동에 적극적으로 참여시키고 브랜드를 긍정적으로 해석할 수 있게 만들어야 한다. 긍정적인 해석의 끝은 사랑이라는 감정이다. 모든 브랜딩은 '사랑받는 것'을 목표로 해야 한다. 라라브레드의 강호동 대표는 '마케팅은 사게 하는 것이고 브랜딩은 사랑받는 것이다'라고 말했다.xxii 이 말이 적절하다고 생각한다.

메시지에서 메신저로, 메신저에서 사랑받는 메신저로

브랜딩은 사랑받는 메신저를 만드는 일이다. 구체적으로 사랑받는

구분	브랜드를 모른다 (인지)	브랜드를 안다 (인지)
만족 (감정)	좋은 메시지	좋은 메신저
불만족 (감정)	나쁜 메시지	나쁜 메신저

표 1-2 인지와 감정의 사분면

메신저는 어떻게 만들 수 있을까? 두 단계로 나누어 생각해 볼 수 있다. '메신저를 만드는 일' 그리고 '메신저를 사랑받게 만드는 일' 이다. 전자는 '인지'의 문제고 후자는 '감정'의 문제다. 이를 사분면 으로 나누어 보면 표 1-2와 같다.

'좋은 메시지'와 '나쁜 메시지'는 모두 마케팅에 해당한다. 이 단 계에서 소비자는 브랜드를 정확하게 인지하지 못한 채 상품과 서 비스를 보고 구매를 결정한다. 소비자의 문제를 정확히 짚고 해결 책을 제시하는 메시지는 크나큰 매출로 이어진다. 페이스북과 인 스타그램 등의 SNS에서 엄청난 화제를 일으키는 제품과 서비스는 이처럼 좋은 메시지로 인식되어 상당한 판매량을 기록하기도 한 다. 다만 누가 만들었는지 소비자는 잘 모른다. 공전의 히트를 기 록했던 '마약 베개', '모공 지우개' 등을 어떤 브랜드가 만들었는지 아는 사람은 극소수다. 마케팅에만 머무는 것이다.

이와 다르게 '좋은 메신저'와 '나쁜 메신저'는 브랜딩의 영역이다. 소비자가 상품과 서비스를 누가 만들었는지를 알고 그에 따라 판 단하게 된다. 다만 인지도만 높다고 끝이 아니다. 긍정적인 감정이 따라야만 한다. 연예인으로 빗대어 생각해 보자. 일본의 개그맨 니시노 아키히로西野亮廣가 말한 대로 전 국민이 알지만 그 누구도 찾지 않는 '인지 연예인'과 모두가 알고 모두가 사랑하는 '인기 연예인'은 엄연히 다르다. 같은 인지도라도 출연료와 광고비가 천지 차이다.[xxiii] 이는 긍정적인 감정의 차이 때문이다. 긍정적인 감정을 이루는 다양한 요소가 있지만 핵심은 '신뢰'다. 메시지에 걸맞은 행동을 지속한 브랜드는 신뢰받는 메신저가 되고 그렇지 못한 브랜드는 신뢰할 수 없는 메신저가 된다. 이렇게 인지에 긍정적인 감정까지 더해져야만 좋은 메신저가 될 수 있다. 좋은 메신저의 상품과 서비스는 그저 믿고 사게 된다. 좋은 메신저의 가장 이상적인 형태는 무엇일까? 바로 '사랑받는 메신저'이다.

그렇다면 소비자가 브랜드를 아는 단계, 다른 말로 메신저가 되는 일은 어떻게 하면 가능할까? 크게 두 가지를 고려해야 한다. '일관성'과 '차별성'이다. 일관성이 없다면 메신저로 인식될 수 없고 차별성이 없다면 메신저로 존재할 이유가 없다. 어제 다르고 오늘 다르다면 한 명의 메신저가 아니라 수많은 메시지가 될 뿐이다. 일관성 있는 메시지가 축적되어야만 메신저로 인식될 수 있다.

일관성이 있더라도 차별성이 없다면 존재할 이유가 없다. 소비자에게는 똑같은 메신저가 둘이나 필요하지 않기 때문이다. 미디어와 더불어 왕가탕후루라는 브랜드가 우리나라에서 탕후루 열풍을 일으킨 이후로 수많은 탕후루 브랜드가 생겼다. 모두가 각자만의 일관된 메시지가 있지만, 소비자가 기억하는 메신저는 드물다. 왕가탕후루와의 뚜렷한 차별성이 없기 때문이다. 소비자에게는 그저 '탕후루'를 파는 또 하나의 이름 모를 상점으로 인식될 뿐이었다. 브랜드로 기억에 남지 않는 것이다. 이렇게 되면 메신저가 아닌 메시지로 머물 뿐이다.

메신저를 만들었다면 그다음은 사랑받는 일이다. 어떻게 해야 할까? 이를 위한 단 한 가지 방법은 없다. 소비자에게 사랑받는 일은 그렇게 간단하거나 쉽지 않기 때문이다. 다만 사랑받지 못하는 명확한 방법은 있다. 소비자와의 약속을 지키지 않는 것이다. 브랜드가 소비자에게 전하는 메시지와 소비자가 실제로 경험하는 바가 일치하지 않는 것을 말한다. 재미를 표방하는 브랜드가 고객에게 보내는 문자 메시지가 지나치게 딱딱하고 재미없다거나, 장인정신을 말하는 브랜드의 제품이 쉽게 고장 나는 것과 같이 말이다. 브랜딩 디렉터 황부영 교수는 이를 두고 '언행일치가 되지 않는 브랜드'라고 말했다. 사랑받지 못하는 브랜드의 공통적인 특징이다. 반대로 말하면 사랑받기 위한 기본 조건은 '언행일치'다. 이러한 기본 조건을 지키면서 제품의 특장점인 메리트와 그것을 통해 소비자가 얻을 수 있는 베네핏을 넘어 '정체성'이라는 메시지까지 전할 수 있다면 사랑받는 메신저에 한 걸음 더 다가설 수 있다.

브랜드가 사랑받는 메신저가 되면 재미있는 일이 벌어진다. 소비자가 브랜드와 자신을 동일시하게 된다. 브랜드의 정체성이 나의 정체성이 되고 나의 정체성이 곧 브랜드의 정체성이 된다. 물아일체物我一體가 아니라 브아일체Brand我一體가 되는 것이다. 이를 전문용어로 내집단 편향In Group Bias이라고 부른다. 같은 편이라는 생각에 논리는 내팽개쳐지고 사랑하는 마음만 남는다. 그리고 그 브랜드를 무조건적으로 지지한다.[xxiv] 이를 두고 누군가는 팬덤이 형성된다고 하고 또 다른 누군가는 부족이 만들어진다고 말한다. 어떻게 부르건 간에 중요한 사실은 사랑받는 메신저는 자신과 동일한 수많은 메신저를 만들어 낸다는 점이다. 브랜드를 자발적으로 알리는 수많은 팬, 부족, 혹은 가족이 생기는 것이다.

최근 들어 많은 브랜드가 상품의 특장점을 말하기보다 '정체성'을 이야기하는 이유가 바로 이 때문이다. 정체성을 이야기함으로써 빠르게 사랑받는 메신저가 되려는 것이다. 181년의 전통을 자랑하는 세계적인 경제 전문지 《이코노미스트The Economist》는 일찌감치 이를 간파했다. 숀 브라이얼리Sean Brierley가 《애드버타이징 핸드북 The Advertising Handbooks》에서 말한 대로 《이코노미스트》는 마케팅을 할 때 잡지의 품질을 강조하지 않는다. 대신 독자의 정체성을 강조한다. '깊이 있는 정보를 담은 잡지'라는 상품을 파는 것이 아니라 '깊이 있는 정보를 담은 잡지를 읽는 독자'라는 정체성을 판매하는 것이다. 고객이 잡지를 읽지 않더라도 상관없다. 구매해서 들고 다니기만 해도 고객은 이러한 정체성을 획득하게 된다.[xxv]

《이코노미스트》가 2002년에 진행한 '나는 단 한 번도 《이코노미

이코노미스트 광고

스트》를 읽은 적이 없어요'I never read The Economist'라는 광고가 이를 잘
보여 준다. 언뜻 보면 이해가 되지 않는 광고다. '나는 매일《이코
노미스트》를 읽어요'라는 메시지를 잘못 적은 듯 보이기 때문이다.
다만 누가 이 말을 했는지를 보면 무릎을 '탁' 치게 된다. '42살의
경영 수습 직원'Management trainee. Aged 42'. 일반적으로 회사에서 수습 직
원을 가르칠 매니저급의 나이인 사람이《이코노미스트》를 읽지 않
았기에 여전히 수습 직원에 머물고 있다는 말을 돌려서 하고 있는
것이다.《이코노미스트》의 고객이 아닌 사람의 정체성을 통해《이
코노미스트》고객의 정체성을 부각하는 것이다(특정 나이에는 응당
이래야 한다는 이미지를 심어 줄 수 있어 오늘날에는 적절하지 않은 메시
지이다).

  2023년 미국에서 7개월 만에 5천만 앱 다운로드를 기록하며 전
세계적으로 광풍을 일으키고 있는 중국 인터넷 쇼핑몰 테무Temu의

그림 1-6 테무 앱 다운로드 화면

슬로건도 이러한 고객 정체성을 강조하고 있다. 테무와 같은 초저
가 쇼핑몰이라면 '싸다'라는 메시지를 강조하기 마련이다. 누구나
쉽게 생각할 수 있는 직관적인 세일즈 메시지다. 조금 더 고민한다
면 '스마트 쇼핑'과 같이 고객의 라이프 스타일을 고려한 메시지를
만들 수도 있다. 2010년대에 많이 했던 방식이다. 한 해에 조 단위
의 마케팅 비용을 쓰는 테무는 더 깊게 고민해야 했다. 그들은 정
체성까지 나아가는 메시지를 만들었다. '억만장자처럼 쇼핑하기
Shop like a Billionaire'가 바로 그것이다. 테무를 이용하는 고객에게 '억만

장자'라는 정체성을 부여한 것이다. 테무와 고객의 정체성이 동일시되면서 테무는 '싸다'라는 메시지가 아닌 '억만장자처럼 쇼핑할 수 있는 쇼핑몰'이라는 메신저로 자리 잡게 된다.

  최근에 반려동물 사료 브랜드와 진행한 워크숍에서도 이에 대해 조언했다. 사랑받는 메신저가 되고 싶다면 단순히 제품의 특장점을 알리는 것을 넘어 정체성까지 고민해야 한다고 말이다. 정체성에 대한 문제는 '왜'를 반복해서 물어보아야 답이 나온다. 반려인은 왜 좋은 사료를 구매할까? 반려동물이 건강했으면 하는 바람 때문이다. 왜 반려동물이 건강하기를 바랄까? 반려동물을 사랑하기 때문이다. 또 하나가 있다. 반려동물에게 사랑받고 싶기 때문이다. 즉 좋은 사료를 구매하는 반려인이 원하는 정체성은 이렇게 정의해 볼 수 있다. '반려동물을 사랑하는 나, 반려동물이 사랑하는 나'

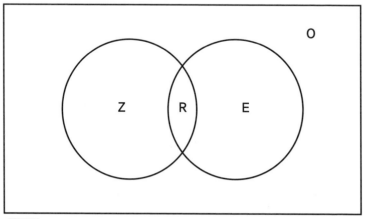

그림 1-7 사랑받는 메신저를 만드는 방법, ZERO의 프레임워크

라는 이 고객 정체성을 브랜딩의 기반으로 시작해 볼 것을 권했다.

다시 말하지만 브랜딩은 '사랑받는 메신저를 만드는 일'이다. ZERO는 이를 이루기 위한 프레임워크이다. 앞으로 알아볼 내용을 간략하게 소개하면 이렇다. 생산자는 Z(극단적 차별화)를 통해 소비자가 빠르게 인지할 수 있는 브랜드의 목표 정체성을 만들고 제안한다(메시지 → 메신저). 다음으로 E(고객 참여)를 통해 브랜드의 목표 정체성에 대한 긍정적인 소비자 해석을 이끌어낸다(메신저 → 좋은 메신저). R(반복 또 반복)을 통해서는 소비자와의 정체성 교집합을 만들어 내어 사랑받는 메신저가 된다(좋은 메신저 → 사랑받는 메신저). 이 모든 과정을 브랜드가 생존할 수 있는 최적의 환경인 O(최적화)라는 틀에서 진행한다. 사랑받는 메신저를 만드는 일은 이렇게 ZERO를 통해 완성된다. 단순히 아는 브랜드, 그냥 사는 브랜드가 아니라 사랑받는 브랜드는 이렇게 탄생한다. 이제 브랜딩 법칙 ZERO를 하나하나 구체적으로 알아보자.

PART 2

: 브랜딩 법칙 ZERO

Chapter 2

[Z]igzag: 극단적 차별화

"모두가 이리로 갈 때(zig) 저리로 가라(zag)"

– 마티 뉴마이어

1% vs. 99%, 당신의 선택은?

↗

"꿈은 1%인데 왜 99%의 조언을 따르고 있어요?"

만날 때마다 많은 것을 배우게 되는 대표님이 있다. 〈유 퀴즈 온 더 블록〉에 나와도 이상하지 않을 만큼 경제적으로 크게 성공한 분이다. 오랜만에 만난 자리에서 가볍게 근황을 나누고 나의 고민을 털어놓았다. 집중해서 듣던 그는 웃으면서 왜 99%의 조언을 따르고 있냐고 물었다. 1%가 되려고 하는 사람이 99%처럼 행동하는 게 이상하지 않냐고 덧붙이면서 말이다. 맞는 말이었다. 왜 그랬을까? 아마 두려움 때문이었던 것 같다. 남과 다르게 생각하고 행동하는 것에 대한 뿌리 깊은 두려움. 그것 때문이었다.

이는 비단 나만의 이야기는 아닐 것이다. 우리 대부분에게는 이러한 두려움이 내재되어 있다. 백만 년 넘게 인류를 위험 상황에서 구조해 주었던 그 두려움이다. 한번 상상해 보자. 여러분은 30만 년 전 아프리카 어느 마을에서 부족 생활을 하고 있다. 갑자기 모두가 왼쪽으로 뛰기 시작한다. 이때 어떻게 할 것인가? 고민할 필요 없다. 바로 그들과 같은 방향으로 뛰어야만 한다. 그렇지 않으면 맹수에게 잡아먹힐 확률이 높다. 또 다른 상황이다. 탐스럽게 생긴 과일이 눈앞에 있다. 그런데 아무도 그 과일을 먹지 않는다. 이때는 어떻게 하겠는가? 남과 다르게 그 과일을 먹는다면 독성으로 인해 그 자리에서 사망할 수도 있다. 남들처럼 먹지 않아야 한다. 이외에도 다양한 상황이 있을 수 있다. 이때마다 우리의 생존 확률을 높여 주는 최적의 선택은 남들처럼 행동하는 것이다. 그렇게 행동한 조상들의 유전자가 우리 몸 깊숙이 각인되어 있다.

　오늘날은 그때의 환경과는 다르다. 남들처럼 행동하지 않더라도 생존을 즉각적으로 위협받지 않는다. 그럼에도 불구하고 우리는 왜 여전히 남들과 비슷하게 생각하고 행동할까? 남들과 다르게 행동하는 게 왜 이토록 두려운 것일까? 가나자와 사토시가 말한 '사바나 원칙The Savanna Principle'이 이를 잘 설명해 준다. 우리의 뇌는 아프리카 사바나에서 수렵 채집을 하던 조상들의 환경에 존재하지 않았던 것이나 상황은 잘 이해할 수도 없고 제대로 대응하지도 못한다는 이론이다.[i] 여전히 그때처럼 생각하고 느끼는 것이다. '남과 다르게 생각하고 행동하는 것', 즉 차별화는 본능적으로 두렵고 하기 힘든 일이 된다. 생존을 위협한다고 느끼기 때문이다.

이러한 두려움으로 인해 대부분 차선책으로 택하는 것이 비슷하지만 조금 더 낫게^{Better}다. 다르게^{Different}가 아닌 더 낫게 행동하는 것에 집중한다. 이는 좋은 전략이 아니다. 비슷한 상품과 서비스는 존재 이유를 구구절절 설명해야만 하기 때문이다. '더 싼 가격'이 되었든 '더 나은 기능'이 되었든 소비자가 이를 인지하고 믿을 때까지 아주 오랫동안 말하고 또 말해야 한다. 돈과 시간이 많이 드는 방식이다. 하버드 경영대학원의 존 구어빌^{John T. Gourville} 교수는 신생 기업이 성공의 기회를 잡기 위해서는 9배 정도는 더 뛰어난 제품을 선보여야 한다고 말했다.[ii] 모든 것이 상향 평준화되고 있는 시대에 달성하기 어려운 일이다. 설령 9배 더 뛰어나더라도 그로 인해 얻을 수 있는 효과는 아이러니하게도 차별화다. '더 낫게'의 종착지는 '다르게'라는 말이다.

차별화의 효과는 주가 수익률로도 증명되었다. 하버드 비즈니스 리뷰에서 275개 기업을 11년 동안 조사한 결과에 따르면 소비자가 느끼기에 차별화에 성공했다고 여겨지는 기업군은 연 4.8%의 주가 수익률을 기록했다. 그렇지 않은 기업군은 어떨까? 연 -4.3%라는 마이너스 주가 수익률을 기록했다. 소비자가 기업의 차별화를 인지한 바로 다음 해에 일어날 정도로 즉각적인 현상이었다.[iii]

카카오톡 이모티콘을 만들고 있는 지인도 비슷한 말을 했다. 단순히 '더 예쁘거나' '더 귀여운' 이모티콘으로는 더 이상 소비자의

목이 길어 슬픈 짐승

김나무

ⓒ 200

그림 2-1 세 개의 이모티콘을 써야 비로소 완성되는 '목이 길어 슬픈 짐승'

선택을 받기 힘들다고 했다. 선택받기 위해서는 어떻게 해야 하냐고 묻자 다음과 같이 말했다. "못 보던 것이어야 해." 이모티콘을 만들 때도 차별화가 핵심이라는 말이다. 대표적인 성공 사례가 '목이 길어 슬픈 짐승'이다. 이모티콘은 하나만 써도 완성되는 것이 기존의 상식이었다. '목이 길어 슬픈 짐승'은 달랐다. 이모티콘을 세 개나 써야 하나의 이모티콘이 완성이 되었다. 소비자에게 새로운 선택권을 주었다. 본인이 원하는 대로 조합해서 나만의 이모티콘을 만드는 재미를 선사했다. 향수 브랜드 조 말론^{Jomalone}이 기존의 향수 브랜드와는 다르게 두 개 이상의 향수를 섞어 자신만의 향을 만드는 '센트 페어링^{Scent Pairing}'이라는 철학을 제시했듯이 말이다. 목이 길어 슬픈 짐승은 '이모티콘 페어링^{Emoticon Pairing}'이라는 차별화된 가치를 선사했고 첫 달 수익 1억 2천만 원을 기록하며 국내 이모티콘 시장에서 기념비적인 성공을 거두었다.

대중은 왜 이토록 차별화에 강하게 반응할까? 이를 제대로 이해하기 위해서는 유행에 대해 잠시 생각해 볼 필요가 있다. 게오르그 짐멜^{Georg Simmel}은 유행에 대해 다른 사람과 닮고 싶은 욕망과 다른 사람과 달라지고 싶은 욕망의 타협 과정이라는 맥락으로 설명했다. 모방과 개성이라는 상반된 속성이 시소처럼 움직이면서 유행이 생기고 사라지는 것이다.[iv] 이 점이 중요하다. 차별화를 하는 것이 두려운 만큼 차별화를 따라가지 못하는 것, 정확히는 모방하지 못하는 것도 두려운 것이 된다. 유행에 뒤처지게 되면 결과적으로 튀는 사람이 되기 때문이다. 본인이 차별화하는 것을 꺼리는 동시에 타인의 차별화에 주목할 수밖에 없는 이유다.

브랜딩 법칙 ZERO에서 우리의 목표는 단순한 차별화에 머물지 않는다. 극단적인 차별화다. 대기업은 엄두도 낼 수 없을 정도로 뾰족한 차별화를 목표로 한다. 생존 본능을 거스를 마음의 준비가 되었다면 극단적인 차별화의 구체적인 방법을 한번 알아보자.

쪼개고, 택하고, 그리고 자리 잡기

↗

스티브 잡스Steven Paul Jobs의 애플이 1997년에 '다르게 생각하라Think Different'를 천명한 순간, 차별화는 하나의 계명이 되었다. 브랜딩을 하거나 마케팅을 한다면 무조건 따라야 하는 종교적 규칙이 된 것이다. 그럼에도 불구하고 차별화를 제대로 하는 브랜드는 드물다. 앞서 말한 대로 우리 몸에 깊숙이 자리 잡은 두려움 때문일 수도 있지만, 방법을 제대로 알지 못해서일 수도 있다. 차별화를 어떻게 해야 할까? 단 한 문장으로 말하면 다음과 같다.

"나다움을 뾰족하게 만들어 특정 고객의 특정 문제를 해결한다."[1v]

---

1 프라이머의 권도균 대표는 '특정한 고객의 특정한 문제를 해결하는 것이 사업의 본질'이라고 말했다.

극단적인 차별화는 나다움에서 시작한다. 나다운 만큼 지속적이고 고유한 차별화는 드물기 때문이다. 다만 나다움에 매몰되면 안 된다. 브랜딩을 한다는 것은 고객과 상호작용을 한다는 말이기 때문이다. 차별화는 고객의 문제를 해결할 수 있는 솔루션이어야만 한다. 이를 그 누구도 따라 할 수 없을 정도로 뾰족하게 만들어야 한다. 타깃을 좁히고 또 좁혀야 한다. 국민 모두가 아닌 단 한 명을 위한 나다움이라고 생각해야만 한다. 단 한 명의 단 하나의 문제를 푼다고 생각해야 한다. 명심하자. 타깃을 좁히면 살고, 타깃을 넓히면 죽는다. 우리의 본능은 다르게 말하겠지만 이를 극복해야 한다.

대기업은 이를 따라 하기 힘들다. 큰 브랜드는 큰 덩치에 맞는 큰 규모의 시장만 타깃팅할 수 있기 때문이다. 작은 브랜드만큼 뾰족하게 타깃을 좁히기란 불가능하다. 타깃을 극단적으로 좁히는 것은 작은 브랜드만의 특권이다. 작은 브랜드가 극단적인 차별화를 해야만 하는 이유다. 이를 위해 구체적으로 해야 할 일은 '쪼개

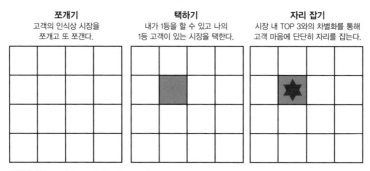

그림 2-2 쪼개기, 택하기, 자리 잡기

고, 택하고, 자리 잡기'다. 브랜딩과 마케팅을 하는 사람이라면 대부분 알고 있는 'STP'[2] 전략을 쉽게 표현해 봤다.[vi] 이 셋은 유기적으로 연결되어 있지만, 이해하기 쉽게 따로 떼어놓고 하나씩 알아볼 예정이다. 먼저 쪼개기부터 알아보자.

쪼개기[3]

나다움을 마음껏 펼칠 수 있는 일을 정했는가? 나다움으로 고객의 문제를 해결할 수 있는 일을 찾았는가? 대답이 '아니오'라면 찾아야 하고, '네'라면 쪼개야 한다. 쪼개고 쪼개서 고객 마음의 가장 작은 부분부터 자리 잡을 준비를 해야 한다. 이것이 차별화의 시작이다. 구글이 '검색'을 의미하고, 카톡이 '문자 메시지'를 의미하고, 대일밴드가 '반창고'를 의미하듯 강력한 브랜드는 브랜드명이 보통 명사가 된다. 고객 마음의 큰 자리를 마련하게 된다. 다만 그 어떤 브랜드도 처음부터 보통 명사가 될 수 없다. 고객의 마음을 최대한 쪼개고 쪼개서 가장 작은 땅에서 시작해야 한다. 그다음부터 땅따먹기하듯 확장해야 한다.

---

2 STP는 글자 순서대로 시장을 세분화(Segmentation)하고 목표 시장을 선정(Targeting)하고 상품과 서비스를 포지셔닝(Positioning)하는 일련의 과정이다.

3 마이클 포터(Michael Porter)가 말한 전략적 경쟁 우위(Strategic Competitive Advantage: SCA)에 따르면 집중화 전략과 차별화 전략은 구분되나, 이 책에서는 쉬운 이해를 위해 둘을 모두 차별화 전략으로 이야기하고자 한다.

〈유 퀴즈 온 더 블록(이하 유퀴즈)〉을 종종 시청하곤 한다. 모두가 아는 연예인뿐만 아니라 다양한 사람의 다양한 시각을 보고 들을 수 있어서 좋아한다. 어느 날 의사가 출연한 에피소드를 보고 있었는데 좌측 상단에 그를 소개하는 문구가 눈길을 사로잡았다. 바로 '도박 중독 전문의'라는 문구였다. 별거 아니라고 생각할 수 있지만 과거와 비교하면 그 차이점이 확연히 드러난다. 10여 년 전만 하더라도 의사가 방송에 출연하면 '정신과 의사' 혹은 '정신의학과 전문의' 등으로 소개되는 게 일반적이었다. 그러던 것이 정신건강의학과 전문의를 '중독 전문의'로 쪼개고, 더 나아가 '도박 중독 전문의'로 다시 한번 쪼갠 것이다. 〈유퀴즈〉에 출연하는 사람들은 대부분 이렇게 소개된다. 그냥 독서가가 아니라 '낮에는 쉬고 밤에는 일하는 음주 독서가, 정인성', 그냥 저널리스트가 아니라 '체험하는 저널리스트, 남형도'와 같이 쪼개고 쪼개서 구체적으로 소개한다. 이를 통해 출연자는 수많은 사람 중 한 명이 아니라 유일한 존재가 된다. 그리고 대중의 기억에 남는 존재가 된다.

최근에 만난 사람도 비슷했다. 만나기 전에도 우리나라에서 대체 불가능한 사람이라 느꼈는데 그도 그런 이야기를 종종 듣는 듯했다. 그는 '음악 평론가'도 아니었고 '저널리스트'도 아니었다. '힙합 저널리스트'였다. 국내 유일 힙합 저널리스트 김봉현이었다. 그는 기존의 용어로는 본인이 하는 일을 설명할 수 없어서 직업명을 새로 만들어야 했다고 말했다. 그렇게 저널리스트를 쪼개서 탄생한 것이 힙합 저널리스트였다. 그가 운영하는 글쓰기 모임도 그냥 글쓰기 모임이 아니다. '음악 글쓰기' 모임이다. 쪼개면 유일해진다는 것을 그는 본능적으로 알고 있는 듯했다.

　조용했던 삼각지 일대를 서울에서 가장 핫한 용리단길로 만든 인물로 꼽히는 TTT^{Time to Travel}의 남준영 대표도 비슷하다. 그는 베트남 비스트로 '효뜨', 퓨전 중식당 '꺼거', 일본 선술집 '키보', 퓨전 요리 와인 바 '사랑이 뭐길래' 등 여러 브랜드를 잇달아 성공시켰다. 지금은 다양한 국가의 각종 요리를 선보이고 있는 그도 시작은 뾰족하고 명확했다. 그냥 요리사가 아닌 '베트남 요리사'로 시작했다. 본인의 표현에 따르면 족보 없던 20대 요리사 시절부터 국내 최고의 CJ 쿠킹 클래스에 설 수 있었던 이유도 그냥 요리사가 아니라 국내에 몇 없던 베트남 요리사로 알려졌기 때문이다. 쪼갰기 때문에 길이 열린 것이다.[vii]

　이러한 현상을 가장 빨리 감지한 것이 인플루언서다. 유튜브, 인스타그램, 틱톡 상관없이 오늘날 대부분의 인플루언서는 본인을 매우 구체적으로 쪼개어 소개한다. 다루는 콘텐츠도 굉장히 세밀하다. 로컬 인플루언서라 불리는 사람들이 대표적이다. 페이스북이 대세였던 2010년대만 해도 '서울 맛집', '대전 맛집', '부산 맛집'과 같이 지역에 대한 정보는 도시 단위로 구분이 되었다. 이제는 다르다. 성수동 전문가 제레박, 문래동 전문가 맛탐영, 마포 전문가 도보마포처럼 도시를 쪼개어 '동' 단위로 인플루언서가 생기고

그림 2-3 제레박이 운영하는 성수동 로컬 매거진 '성수교과서'

더 구체적이고 상세한 정보가 공유되고 있다. 이렇게 인플루언서
는 자신을 쪼개고 쪼개어 대중의 머리에 잔상을 남기고 있다.

상품과 서비스도 다르지 않다. 쪼개고 쪼개야만 기억에 남는다.
방향제를 한번 쪼개 보자. 먼저 회사에서 뿌리는 방향제와 집에서
뿌리는 방향제로 쪼갤 수 있다. 집에서 뿌리는 방향제는 침실, 욕
실, 화장실에서 뿌리는 방향제로 다시 한번 쪼갤 수 있다. 여기서
끝이 아니다. 화장실에서 뿌리는 방향제를 평소에 뿌리는 방향제

와 볼일을 보고 뿌리는 방향제로 더 쪼갤 수 있다. 이렇게 수많은 쪼개기로 탄생한 방향제가 '똥 냄새 차단의 원조'를 표방하는 푸푸리Poopourri다. 푸푸리에서 푸Poo는 영어로 '똥'을 의미한다. 이렇게 시장을 최대한 쪼개고 직관적으로 의미를 드러내는 네이밍을 통해 푸푸리는 전 세계적으로 1억 병 넘는 판매고를 올렸다. 토일렛 퍼퓸을 의미하는 보통 명사가 되었다(현재는 브랜드명을 '푸리Pourrii'로 바꾸어 확장을 시도하고 있다).

쪼개기로 차별화에 성공한 케이스는 너무나도 많다. 방향제를 화장실이 아닌 침실에서 쪼갠 기업들은 베개에 뿌리는 '필로우 미스트'라는 새로운 시장을 만들었다. 샤워용품은 또 어떤가? 비누로 모든 것을 해결하던 시대에서 샴푸와 린스 그리고 바디워시로 쪼개졌고, 최근 들어서는 풋 샴푸로 더 쪼개졌다. 더 이상 쪼갤 것이 없을 것 같은 커피 시장에서도 남들 모르게 조용한 쪼개기로 성공한 회사가 있다. 바로 동구전자이다. 동구전자라는 이름을 몰라도 '티타임'이라고 하면 아는 사람이 꽤 있을 듯하다. PC방, 당구장, 식당 등에 설치된 미니 커피 머신은 대부분 동구전자의 티타임이다. 커피 시장을 쪼개고 쪼개서 커피 머신 중에서도 미니 커피 머신에 집중한 것이다. 사업 초창기에 경쟁사가 없었던 것은 아니었지만 쪼개고 쪼갠 시장에만 집중한 덕분에 '미니 커피 머신 = 티타임'이라는 인식을 만들어 냈다. 그 결과 미니 커피 머신 시장의 90%를 장악한 강력한 브랜드가 되었다.[viii]

동구전자의 미니 커피 머신, 티타임

　사용자를 쪼개 보는 것도 방법이다. 누구나 쓸 수 있는 제품이라도 인식상의 사용자를 쪼개 보면 새로운 시장이 나타난다. 일본의 수건 브랜드 '더타월'이 대표적인 예이다. 수건은 모두를 위한 제품이다. 아니, 그렇게 인식되어 왔다. 더타월은 이러한 인식을 쪼갰다. 남성용 수건과 여성용 수건으로 쪼갠 것이다. 거침없이 쓱쓱 닦는 남성을 위한 별도의 수건을 제작하고, 톡톡 두드리면서 부드럽게 사용하는 여성을 위한 수건을 따로 제작한 것이다. 그냥 수건과 여성 전용 수건이 있다면 대다수의 여성은 여성 전용을 더 눈여겨볼 것이다. 여성 전용이라고 여성만 쓰는 것은 아니다. 부드러운 수건을 쓰고 싶은 남성도 여성 전용 수건을 구매할 수 있다.[ix] 일본

그림 2-5 돋보기를 단 카나리 손톱깎이

에는 이외에도 사용자를 쪼개어 새로운 시장을 만든 경우가 많다. 초고령 사회답게 노약자를 위해 특화한 제품이 많다. 눈이 잘 안 보이는 노약자를 위해 돋보기를 단 손톱깎이가 대표적이다.

전 세계 서점들이 벤치마킹하는 대만의 청핀서점誠品書店도 타깃 고객을 뾰족하게 쪼개어 시작했다. 지금은 전 국민이 사랑하는 서점이지만, 최초 타깃은 전 국민이 아닌 대만의 소수 문화 엘리트 계층이었다. 이는 이름에서도 잘 드러난다. 청핀의 영문 이름인 '에슬라이트eslite'가 엘리트라는 뜻의 옛 프랑스어에서 유래했기 때문이다. 사용자를 뾰족하게 쪼갬으로써 청핀서점만의 고급스러운 이미지를 획득할 수 있었고 나아가 더욱 많은 고객에게 사랑받을 수 있게 되었다.[x]

우리나라 출판업계도 쪼개기를 적극적으로 활용하고 있다. 그냥 '주역'이 아니라 《오십에 읽는 주역》, 그냥 '쇼펜하우어'가 아니라 《마흔에 읽는 쇼펜하우어》와 같이 모두가 읽을 수 있는 책을 나이 대별로 쪼개는 것이다. 이렇게 쪼개면 덜 팔릴 것 같지만 상황은 정반대다. 더 팔린다. 최근 상당수의 책이 쪼개기로 베스트셀러에 오르고 있다. 모두를 위한 책을 독자별로 쪼개서 새로운 기회와 시장을 만들고 있는 것이다.

고객이 인지하고 있는 시장을 잘게 쪼갤 수만 있다면 그 누구에 게라도 기회가 생긴다. 아이디어 싸움이다. 유퀴즈에 나오는 전문가나 로컬 인플루언서처럼 자신이 하는 일의 개념을 쪼개 볼 수 있다. 먼저 푸푸리나 티타임처럼 사용 상황을 쪼개 볼 수 있다. 남성용 혹은 여성용 수건이나 노인용 손톱깎이처럼 사용자를 쪼개 볼 수도 있다. 핵심은 소비자 인식이다. 소비자의 인식을 어떻게 하면 더 구체적으로 쪼갤 수 있을지를 고민해야 한다. 쪼개다 보면 소비자의 마음의 문이 열린다.

구분	특징
지리적 변수	국가, 지역 등
인구 통계학적 변수	연령, 성별, 소득, 직업, 교육 수준 등
심리 특성 변수	라이프 스타일, 가치, 성격 등
행위적 변수	구매 행동, 사용 행동 등

표 2-1 쪼개기를 위한 구분점

택하기

쪼개고 나면 택해야 한다. 쪼갠 시장을 택하기 전에 한 가지 사실을 명심하자. 하나의 시장을 택한다는 것은 하나의 시장을 제외한 모든 시장을 포기한다는 말이다. 택하기와 포기하기는 동전의 양면과 같다. 욕심을 버리고 용기를 내야만 제대로 택하기를 할 수 있다. 이 점을 마음 깊이 새겨 두자.

택하기에서는 크게 두 가지를 고려해야 한다. '내가 1등을 할 수 있는 시장' 그리고 '나의 1등 고객이 있는 시장'. 먼저 '내가 1등을 할 수 있는 시장'에 대해 알아보자.

연애 리얼리티 프로그램 전성시대다. 〈환승 연애〉, 〈하트 시그널〉, 〈솔로 지옥〉 등등. 연예인 못지않은 미모를 자랑하는 선남선녀가 나와서 드라마보다 더 설레고 더 가슴 아픈 연애를 선보인다.

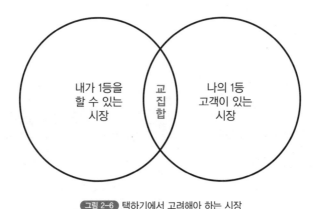

그림 2-6 택하기에서 고려해아 하는 시장

방송에 나온 일반인들은 하루아침에 대중의 큰 관심을 받는 스타가 되기도 한다. 광고도 찍고 공중파 프로그램에도 출연하고 때로는 연예계 데뷔를 하기도 한다. 그런데 이때 이상한 일이 벌어진다. 그렇게 잘생기고 예쁜 출연자가 갑자기 평범해 보이는 것이다. 왜 그럴까? 바로 택하기의 마법이 사라진 것이다.

연애 리얼리티 프로그램의 출연자는 대중에게 '일반인'으로 인식된다. 일반인이라는 시각에서 봤을 때 멋지고 예쁜 것이다. 본격적으로 연예계 활동을 선언함과 동시에 대중이 이들을 바라보는 시각이 바뀐다. '연예인'으로 인식되는 것이다. 연예인으로 보았을 때 이들은 다른 연예인과 큰 차별점이 없다. 흔히 볼 수 있는 평범한 외모의 연예인인 것이다. 다시 말해 '연예인'과 '비연예인'으로 시장이 쪼개졌을 때 비연예인 시장을 택한 출연진은 돋보일 수 있으나, 연예인 시장을 택했을 때는 외모의 차별화가 사라지게 된다. 대부분의 리얼리티 프로그램 출연진이 연예계 데뷔 후 성공하지 못하는 이유 중 하나다.

반대로 아무리 평범한 사람이라도 어떠한 시장을 택하느냐에 따라 독보적인 존재로 거듭날 수 있다. 26살 여성이 시골 이장이라는 역할을 맡으면 방송 매체가 주목하는 인물이 된다. 하루아침에 말이다. 이처럼 똑같은 나다움이라도 시장에 따라 돋보일 수도 있고 눈에 띄지 않을 수도 있다. 쪼개기만큼이

평균 나이 68세 마을에서 20대 이장으로 살아남기 | 이렇게 사는 것도 방법이다 Ep.04

나 중요한 게 택하기인 이유다. 그레이프랩^{Grape Lab}이라는 브랜드도 택하기를 잘한 브랜드 중 하나다.

그레이프랩은 '지속 가능한 디자인 실험실'이라는 슬로건을 내걸고 다양한 친환경 제품을 선보이고 있다. 환경을 생각하는 그들의 철학도 인상적이었지만 가장 놀라웠던 점은 디자인이었다. 친환경이라는 말을 듣고 예상했던 단조로운 디자인이 아닌 화려하면서도 통통 튀는 디자인이 신선함을 넘어 소소한 충격으로 다가왔다. 친환경 제품은 그 특성상 사용할 수 있는 재질과 색상의 제한이 있

그림 2-7 그레이프랩의 친환경 노트북 스탠드 지플로우

다. 그렇기에 예상할 수 있는 색상에 익숙한 디자인이 대부분인데 그레이프랩은 달랐다. 친환경 시장에 있는 그 어떤 브랜드보다 디자인적으로 돋보였다. 본인들의 특장점인 '디자인'이 가장 돋보일 수 있는 시장을 잘 택했다는 생각이 들었다.

충북 옥천군의 수생식물학습원도 택하기를 잘한 명소다. 아름다운 대청호를 품고 있는 이곳은 해마다 많은 관광객의 발길로 북적이는 곳이다. 어디를 걷더라도 그림 같은 풍경이 펼쳐진다. 사실 나의 눈길을 사로잡은 것은 이러한 아름다운 풍경이 아니었다. 눈에 띄는 것은 따로 있었다. 바로 세상에서 가장 작은 교회였다. 상체를 깊이 숙이고 들어가야 할 정도로 문이 작고 성인 4명 정도만

그림 2-8 수생식물학습원에 위치한 가장 작은 교회

들어가도 공간이 꽉 차는 느낌이 드는 아담한 1.5평 규모다. 그야 말로 세상에서 가장 작은 교회다. 많은 사람에게 사랑받는 교회는 대부분 거대하거나, 유서가 깊거나, 아름다운 조형물이 그 특징이다. 이를 통해 관광객의 발길을 이끌어 낸다. 다시 말해 명소로서 교회의 차별화는 거대한 규모, 유구한 역사, 아름다운 디자인으로 이루어지는 것이다. 수생식물학습원은 기존 교회와는 다르게 '작음'을 택했다. 극단적인 작음을 통해 명소가 되었고 교회 내 설치한 헌금함의 누적 기부액은 1억 원을 넘겼다.

택하기를 통해 부활에 성공한 브랜드도 있다. 유유제약의 베노플러스-겔이다. 베노플러스-겔은 부기 완화 및 타박상에 효과가 있는 연고다. 처음에 유유제약이 택했던 타깃은 아이들이었다. 잘 넘어지고 다치는 아이들이다 보니 언뜻 괜찮아 보이는

베노플러스-
겔, 명약 -
남보라편
TVCF 90"

택하기였다. 하지만 베노플러스-겔이 1등을 할 수 없는 시장이었다. 해당 시장에는 이미 강자가 즐비했기 때문이다. 20여 년간 베노플러스-겔은 존재감을 드러내지 못했다. 택하기를 바꿔야 했다. 유유제약은 베노플러스-겔의 효능과 관련한 빅데이터 분석을 통해 다른 시장을 택하기로 결정했다. 바로 '여성 대상의 미용과 성형 목적의 멍 빼는 연고'였다. 본인들이 가장 돋보일 수 있는 시장이었다. 성공적인 택하기였다. 택하기 변경 후 1년 만에 전년 동기 대비 매출 50% 성장을 기록했고 베노플러스-겔의 브랜드 검색량도

다섯 배 넘게 증가했다. 본인들의 강점으로 1등을 할 수 있는 시장을 제대로 찾고 택한 것이다.[xi]

택할 때는 내가 1등을 하는 것만큼이나 나의 1등 고객이 어디 있는지를 살피는 것이 중요하다. 내가 아무리 돋보인다고 한들 선택한 시장의 고객에게 지불 능력과 지불 의사가 없다면 사업적으로 큰 의미가 없기 때문이다.

몇 달 전에 방문한 제주도 술집에서 있었던 일이다. 제주도에 갈 때마다 들르는 단골 술집이 있다. 협재 해수욕장에서 다소 떨어진 한적한 위치에 자리한 에디슨Edison이다. 분위기뿐만 아니라 안주도 맛있고 사장님도 친절해서, 이 술집을 방문하기 위해 제주도를 갈 때도 있을 정도다. 한번 방문하면 또 한 번 방문하게 되는 매력적인 곳이다. 이 술집은 나 말고도 단골이 많다. 이점이 이곳의 장점이자 단점이었다. 관광지에 위치해 있기에 단골 손님만으로는 운영되기 힘들기 때문이다.

사장님은 여러모로 고민이 많아 보였다. 새로운 사람들에게 가게를 알리기 위해서 광고를 해야 하는데 무엇부터 해야 할지 고민이라는 것이었다. 내가 물었다. "사장님의 1등 손님이 누구죠?" 그는 한 번도 생각해 본 적이 없다고 답했다. 다시 물었다. "가장 많은 매출을 올려 주고 가장 대하기 편한 손님이 누구죠?" 조금 더 구체적인 질문에 그도 구체적인 손님들을 말하기 시작했다. 나이로 따지면 30대 중반에서 40대 초반의 여성이었고, 상황으로 따지면 혼자보다는 친구들과 여행으로 방문하는 사람들이었다. 주로 와인이나 위스키를 마시고 사장님과도 자주 대화를 나누는 유형이었다. 나는 그 1등 손님이 원하는 가치에 집중해야 한다고 말했다. 사장님은 왜 소주가 없냐고 묻는 손님이 있어서 소주를 들일까 말까 고민했다고 하는데 그렇게 묻는 사람들은 1등 손님이 아니었기에 그럴 필요가 없었다. 모든 게 명확하고 명쾌해졌다(사장님의 개인 사정으로 현재는 운영하고 있지 않다).

1등 손님은 국가적으로도 고려할 수 있다. 시오리스Sioris라는 유기농 화장품 브랜드가 대표적인 예다. 이 브랜드는 인간에게도 좋고 환경에도 좋은 유기농 제철 원료로 화장품을 만들자는 철학을 바탕으로 탄생했다. 유기농에 관심이 많은 박진영 대표의 JYP 엔터테인먼트가 투자한 브랜드로도 유명하다. 초기에는 국내 시장에 주력했었는데, 해외에서의 반응이 생각보다 더 뜨거웠다. 우리나라에서는 아직 유기농 화장품에 대한 소비자의 니즈가 크지 않은 반면, 해외에서는 크게 관심을 보였기 때문이었다. 유기농 화장품 시장의 성숙도를 고려했을 때 시오리스가 더 돋보일 수 있는 시장은 해외였다. 그들은 시오리스의 환경을 지킨다는 철학에 관심이 있었고 메시지에 크게 공감하고 있었다. 시오리스의 1등 고객은 해외에 더 많이 있었다. 시오리스는 LVMH 그룹이 운영하는 세포라 매장(싱가포르 등 아시아 6개국)에 입점하고 미국 아마존Amazon에 진출하며 본인들의 제품에 더 큰 반응을 보이는 해외 시장을 적극적으로 택하고 있다.

아시아 6개국 세포라 온 · 오프라인에 입점한 시오리스

경영 컨설턴트 빌 비숍Bill Bishop은 이를 '넘버원 고객'이라고 불렀다. 어떤 유형의 고객과 거래하고 싶은지, 누구와 거래해야 일도 즐겁고 수익도 많이 발생하는지, 거래하기 싫은 고객은 어떤 유형인지 등을 적어 놓고 최악의 고객부터 지워 나가는 것이다.xii 이를 통해 나만의 '넘버원 고객'을 정하는 것이다.

1등 고객은 파레토 법칙Pareto Principle에 빗대어서 생각해 볼 수도 있다. 대부분의 경우 결과의 80%는 20%의 원인으로부터 비롯된다는 관찰에서 비롯되어 80:20 법칙이라고도 불린다. 전체 부의 80%를 경제 인구 상위 20%가 소유하고 있다든지, 전체 매출의 80%를 고객 상위 20%가 차지하는 것이 그 대표적인 예다. 빈부 격차가 커지고 승자 독식이 만연하면서 90:10 법칙으로 불러야 한다는 목소리도 커지고 있다. 다른 말로 전체 매출의 90%를 나의 1

등 고객 10%가 일으킬 수 있다는 말이다. 1등 고객에게 집중해야만 하는 이유다.

온라인 사업을 하고 있다면 RFM 모델을 활용해서 나만의 1등 고객을 생각해 볼 수 있다. '얼마나 최근에 방문(구매)했는가?(Recency)', '얼마나 자주 방문(구매)했는가?(Frequency)', '얼마나 많은 금액을 지불했는가?(Monetary)'를 종합적으로 고려하여 1등 고객을 찾는 모델이다.[xiii] 모든 고객에게 당연히 잘해야겠지만 1등 고객에게는 더더욱 잘해야 한다. 돈도 시간도 부족한 작은 브랜드라면 특히 그럴 수밖에 없다. 선택과 집중을 해야만 한다.

다시 한번 말하지만 택하기에서 중요한 것은 '내가 1등을 할 수 있는 시장'과 '나의 1등 고객이 있는 시장'을 고루 고려해야 한다는 점이다. 둘의 교집합을 잘 생각해 보고 신중하게 택해 보자.

자리 잡기

시장을 쪼갤 만큼 쪼개고, 내가 1등을 할 수 있으며 나의 1등 고객이 있는 시장을 택했다면 마지막으로 남은 것은 자리 잡기다. 정확히 말하면 고객의 마음속에 자리 잡는 일이다. 어떻게 고객의 마음에 나의 자리를 마련할 수 있을까? 경쟁사와의 차별화를 통해 가능하다. 같은 시장 내 경쟁사들과 구분이 되어야 한다는 말이다. 고객의 마음에 자리를 잡으려면 우선 눈에 띄어야 한다.

다만 시장 내 모든 경쟁사와 다를 필요는 없다. 고객이 알지도 못하는 브랜드와의 차별화는 의미가 없기 때문이다. 시장마다 다소 차이는 있겠지만, 내가 택한 시장 내 TOP 3와의 차별화면 충분하다. 즉, 고객에게 '다른' 브랜드라는 것을 인식시키면 된다(기존의 TOP 3를 오래된 브랜드로 느끼게 만들면 된다). 테슬라는 이를 성공적으로 해내면서 자동차 시장에 안착했다. 아니 안착한 정도가 아니라 순식간에 시가총액 기준 업계 1위를 차지했다.

자동차 시장은 오랫동안 변함없는 시장이었다. 해당 업계에 전문성이 부족했던 테슬라가 쉽사리 들어올 수 있는 시장이 아니었다. 테슬라는 기존의 강자와 어떻게 차별화를 할까 고민을 했다. 답은 생각보다 간단했다. 선악의 구조를 만들면 됐다. 지구 환경을 해치는 기름 먹는 기존의 자동차와, 환경 보호에 도움이 되는 테슬라 전기 자동차의 구도였다. 한순간에 기존의 자동차를 타는 사람들은 악당이 되고, 전기 자동차를 타는 사람은 악당에 맞서는 선한 주인공이 되었다. 벤츠, BMW, 페라리 등의 럭셔리 자동차를 타는 사람은 의식 없는 부자가 되었고, 테슬라를 타는 사람은 의식 있는 부자가 되었다. 시장 내 경쟁사와의 명확한 차별화를 통해 고객의 마음에 단단히 자리 잡게 되었다. 1위의 계기를 마련한 것이다.

차별화의 방법은 이외에도 다양하다. 〈제품, 가격, 유통, 판촉으로 차별화〉에서 자세히 알아보겠지만, 요소별로 나누어 차별화를 구체적으로 생각해 볼 수도 있다. 만약에 전체적인 방향성에서 차별화 아이디어가 떠오르지 않는다면 세 가지를 생각해 보면 도움이 된다. '청개구리 전법', '타임머신 전법', '홍길동 전법'이다.

사람들은 기존과 비슷한 것을 반복해서 보면 지겨워하고, 기존과 너무 다른 것을 보면 거부 반응을 보인다. 적당한 수준의 서로 다른 정보가 들어와야만 우리 뇌 속에서 정보 처리의 양이 증가한다. 이를 전문 용어로 '중간 불일치 가설Moderate Incongruity Effect'이라고 부른다. 차별화를 할 때 소비자가 기존에 인식하고 있는 정보를 기준점으로 고려해야만 하는 이유다.[xiv] 기존의 정보를 기준으로 두고 정반대의 것을 제시하는 것이 '청개구리 전법', 기존에 증명되었던 정보를 재활용하는 것이 '타임머신 전법', 그리고 기존의 정보를 새롭게 부르고 새롭게 바라보게 만드는 것이 '홍길동 전법'이다. 다시 한번 강조하지만 이 세 가지 방법도 '나다움을 뾰족하게 만들어 특정 고객의 특정 문제를 해결한다'라는 극단적 차별화 기준에 부합해야만 한다.

청개구리 전법은 기존의 경쟁사와 정반대로 하는 것이다. 업계에서 '~해야 한다'라고 정한 불문율에 '아니오!'를 외치는 것이다. 전 세계인의 사랑을 받는 '스파이더맨Spiderman'도 청개구리 전법으로 탄생했다. 마블의 아버지라 불리는 스탠 리Stan Lee는 한 인터뷰에서 스파이더맨의 탄생 비화를 다음과 같이 말했다. 먼저 스파이더맨을 상징하는 '거미Spider'는 대부분의 사람이 혐오하는 동물이었다. 사랑을 받아야만 하는 슈퍼 히어로에게 가장 어울리지 않는 동물이었다. 그렇기 때문에 그는 거미, 즉 '스파이더'를 택했다. 그리고 원작의 스파이더맨은 10대다. 슈퍼히어로보다는 슈퍼히어로의 조력자에 어울리는 나이다. 그렇기 때문에 10대로 설정했다. 마지막으로 스파이더맨은 개인적인 문제가 많다. 슈퍼히어로의 문제라기에는 너무나도 소소한 생활비 문제로 고민하기도 한다. 그렇기 때문에 이러한 소소한 문제를 갖는 일반인과 다른 바 없는 캐릭터로 만들었다. 모든 면에서 기존의 슈퍼히어로와 정반대의 슈퍼히어로를 만든 것이다. 차별화가 탄생한 것이다.

사진 찍는 것조차 싫어하던 공무원이 1년 예산 61만 원으로 전국 지자체 유튜브 구독자 1위를 달성한 비결 또한 청개구리 전법이었다. 바로 충주시 홍보맨 김선태 주무관 이야기다. 그는 본인의 책 《홍보의 신》에서 충주시 유튜브 채널을 시작하면서 기존 지자체와는 정반대로 하기로 마음먹었다고 밝혔다. 먼저 많은 예산을 들여 외부 업체를 이용하거나 전문가를 채용하는 기관들과는 정반대로 저예산으로 본인이 직접 유튜브 채널을 운영했다. 또한 정보 전달에만 급급한 기관들과 달리 정보 전달은 최소화하고 재미를 극대화했다. 마지막으로 유튜브를 하는 시늉만 하던 기관들과 정반대로 조회수에 초집중을 했다. 그 결과 전 국민이 주목하는 유튜브 채널을 만들게 되었다.[xv]

유튜브에서 가장 인기 있는 소재 중 하나가 먹방이다. 너무나도 다양한 형태의 먹방 콘텐츠가 나오다 보니 이제는 레드 오션 중에서도 레드 오션이 되었다. 나올 콘텐츠는 다 나와서 차별화는 불가능해 보인다. 청개구리라면 어떨까? 그들에게는 여전히 답이 있다. 맛집을 방문하는 대부분의 먹방 유튜버와 정반대로 평점 1점을 받은 음식점만 골라서 가 보는 것이다. 반응이 없을 것 같은가? 최근 '평점지옥'이라는 유튜브 채널이 이러한 청개구리 전법으로 빠르게 사람들의 이목을 사로잡고 있다. 채널 개설 후 약 두 달 만에 총조회수 710만 회에 구독자 13,700명을 확보했다.

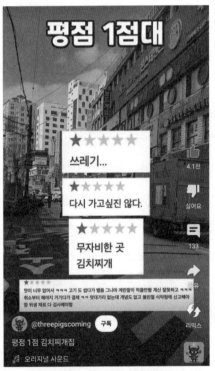

그림 2-10 유튜브 채널 '평점지옥'

다음으로 타임머신 전법이다. 말 그대로 타임머신을 타고 과거로 돌아가 그 당시에 유행했던 것을 다시 활용하는 전법이다. 대표적인 분야가 패션이다. Z세대의 패션과 X세대의 패션은 구분하기 힘들 정도로 비슷하다. 타임머신 전법이 자연스럽게 이루어지고 있다. 비단 패션만의 이야기는 아니다. 거의 모든 유행에 적용된다. 세계적인 영화감독인 박찬욱도 〈넷플릭스 & 박찬욱 with 미래의 영화인〉 행사에서 이와 비슷한 말을 했다.

"요즘 영화를 보는 일도 중요하지만, 옛날 영화를 많이 보세요. 《존 윅 4》를 베끼면 도둑놈 소릴 듣지만, 히치콕 감독의 《버티고》를 베끼면 뭔가 있어 보일 겁니다."[xvi]

오랜 과거의 콘텐츠는 그가 말한 대로 깊이감을 선사한다. 그리고 의외의 신선함을 준다. 데뷔하자마자 대한민국을 뒤흔들어 놓은 걸그룹 '뉴진스'의 음악에도 과거의 유행이 반영되어 있다. 바로 1990년대 한국과 일본을 강타한 '이박사'로 대표되는 테크노 뽕짝이다. 뉴진스의 〈Attention〉, 〈Hype Boy〉, 〈Ditto〉 등의 대표곡을 작곡한 프로듀서 250은 이박사를 비롯한 뽕짝 문화를 4년 넘게 깊이 있게 연구했다. 이러한 연구를 바탕으로 기성시대에게는 익숙하지만 신세대에게는 신선한 뉴진스의 대표곡을 만들 수 있었다. 1990년대의 유행, 즉 30년 전은 한 세대 전을 의미한다. 한 세대 전에 검증되었던 유행이라는 말이다. 이를 접하지 못한 세대에게는 새로운 유행이라는 말이기도 하다. 내가 하는 일과 관련해서 한 세대 전에 유행했던 것을 연구하다 보면 차별화 포인트를 생각보다 쉽게 찾을 수 있을 것이다.

오프라인 매장을 운영한다면 타임머신을 타고 30년보다 더 긴 시간을 거슬러 올라가 봐도 좋다. 매장이 위치한 동네의 역사를 거슬러 올라가면서 차별화된 맥락을 찾아내는 것이다. 최근에 이를 가장 성공적으로 해낸 곳이 신당동에 위치한 칵테일 바 '주신당'이다. 서울에서 가장 핫한 동네로 떠오르고 있는 신당동에서도 가장 돋보이는 곳이다. 신당동의 역사적 맥락을 가져왔기 때문이다. 그

그림 2-11 신당동에 위치한 무속 콘셉트의 술집 '주신당'

것은 바로 '무속 신앙'이다. 조선 시대까지만 해도 신당동은 무당촌이었다. 한양 도성 내에서 숨진 이들을 밖으로 운구할 때 통과하던 문이 동대문역과 신당역 사이에 위치한 광희문이었고 그 넋을 달래 주는 무당들이 자연스레 신당동에 모여들면서 무당촌을 형성했다. 현재는 새 신新이라는 한자를 쓰지만 과거에는 귀신 신神을 쓰는 신당동이었던 이유가 바로 여기에 있다. '술 귀신'을 모신다는 의미의 주신당酒神堂이라는 이름부터 점집을 연상시키는 매장 디자인, 그리고 십이간지로 표현한 메뉴까지 모든 것이 신당동의 역사적 맥락으로부터 가져온 차별화다.xvii 이러한 차별화는 성공적일 수밖에 없다.

　타임머신으로 시간 여행뿐만 아니라 공간 여행도 할 수 있다(엄밀히 말하면 시공간은 분리할 수 없다). 쉽게 말해 과거가 아니라 동시대의 다른 업계에서 검증된 유행 혹은 기법을 우리 업계로 빠르게 가져오는 것이다. 패스트푸드의 상징과도 같은 맥도날드가 대표적인 예다. 맥도날드는 포드자동차의 대량 생산 조립 라인에서 힌트를 얻어 햄버거 제조 과정을 표준화하고 효율화하여 차별화에 성공했다. 이제는 모든 온라인 플랫폼의 기본 기능이 된 '추천 시스템'도 사실은 출판업계에서 시작되었다. 이를 빠르게 차용한 인터넷 쇼핑몰 '아마존'은 성공적인 차별화를 이룰 수 있었다. 지금은 콘텐츠 업계의 표준이 된 월 정액제 시스템도 사실 헬스장의 정액제 서비스에서 가져온 것이다. 넷플릭스의 창업자 리드 헤이스팅스^{Reed Hastings}는 DVD 연체료로 40달러를 지불한 경험을 계기로 정액제 DVD 대여 서비스를 만들게 되었다. 이는 현재의 넷플릭스 스트리밍 서비스까지 이어져 오고 있다.^{xviii}

마지막으로 홍길동 전법이다. 아버지를 아버지라 부를 수 없었던 홍길동처럼 그것의 명칭을 부르지 않는 방법이다. 경쟁사가 쓰고 있는 용어를 쓰지 않거나 업계에서 흔하게 쓰는 용어를 쓰지 않는 것이다. 용어의 차별화를 통해 비슷한 제품과 서비스를 다르게 (보이게) 만드는 방법이다. 몇 년 전부터 유행하고 있는 '스테이^{Stay}'가 대표적인 예다. 여행을 갈 때 고려하는 숙박 형태는 크게 '호텔', '모텔', '펜션', '민박' 정도가 있었다. 가격이나 취식 가능 여부에 따라 이 네 종류에서 고르는 게 일반적이었다. 어느 날 새로운 이름의 숙박이 등장했다. '호텔'처럼 고급스러우면서 '펜션' 같이 취식이 가능한 새로운 느낌의 숙박이었다. 바로 스테이였다. 스테이는 단순 숙박이 아닌 그 자체가 여행이 되는 공간을 제공했다. 만약에 이를 '프라이빗 호텔'이나 '럭셔리 펜션'이라고 명명했다면 지금과 같은 차별화는 힘들었을 것이다. 새로운 개념을 인식시키기 위한 새로운 명칭이 필요했고 그것이 주요했다.

명칭만 바꾸어도 인식이 바뀌는 사례는 이 밖에도 수없이 많다. 영정 사진만 5,000명 이상 찍은 한연진 작가는 '영정 사진'이라는 말 대신 '장수 사진'이라는 말을 사용하여 고객이 사진을 찍을 때 느끼는 두려움과 슬픔을 즐거움과 기대로 섬세하게 바꾸고 있다.

국내에 스테이라는 개념을 알린 파인 스테이 큐레이션 플랫폼 '스테이 폴리오'

황현진의 《잘 파는 사람은 이렇게 팝니다》에는 다음과 같은 예시가 나온다. '백반 정식'이 아닌 '수라 진짓상', '보자기' 대신 '패브릭 랩'처럼 기존에 흔히 사용되어 가치와 가격이 고정된 용어 대신, 새롭고 신선한 고가치 용어를 활용하여 차별화하는 것이다. 이는 즉시 적용할 수 있는 홍길동 전법이다.ˣⁱˣ

자리 잡기를 위한 차별화까지 충분히 고민했다면, 이제 고민의 결과를 언어화하는 작업으로 넘어가 보자. 차별화를 고객이 이해할 수 있는 언어로 바꾸는 작업이다. '알람 메시지'를 만들 차례다.

차별화를 한 문장의
알람 메시지로 정리하기

↗

차별화를 하더라도 성공하지 못하는 경우가 있다. 대부분 이유는 하나다. 고객이 차별화를 제대로 이해하지 못한 것이다. 이러한 경우를 보면 대표도 차별화를 간단명료하게 한 문장으로 설명하지 못한다. 고객에게 줄 수 있는 가치에 집중하는 것이 아니라 제품과 서비스를 만들면서 본인이 노력한 부분에 집중하다 보니 메시지가 혼란스러워지기도 한다. 우리 브랜드가 고객에게 줄 수 있는 차별적인 가치가 무엇인지, 우리 브랜드를 대체 불가능하게 만드는 것이 무엇인지, 우리 브랜드의 본질은 무엇인지 등을 명확하고 단순하게 표현하지 못하는 것이다. 차별화는 반드시 고객이 이해할 수 있는 한 문장으로 정리해야만 한다. 정확히는 한 문장의 '알람Alarm 메시지'여야 한다.

다시 말하지만 '알림' 메시지가 아닌 '알람' 메시지여야 한다. 소비자는 우리의 메시지를 맨정신이 아닌 만취한 상태에서 듣기 때문이다. 술이 아닌 정보에 만취한 상태에서 우리의 메시지를 접한다는 말이다. 소비자는 하루에도 수만 개의 광고 메시지에 노출된다. 그뿐인가? 유튜브 영상을 보면서도 핸드폰으로 메시지를 보내고, SNS를 하면서도 친구와 통화를 한다. 2015년 엑센츄어 보고서에 따르면 87퍼센트의 응답자가 이처럼 여러 미디어 기기를 동시에 사용한다고 한다.[xx] 다시 말해 소비자는 최소한의 집중력으로 우리의 메시지를 접한다는 말이다. 이 점을 명심해야 한다. 흘려 듣게 되는 알림 메시지가 아닌 만취한 사람의 정신도 번쩍 깨울 수 있는 알람 메시지여야 하는 것이다.

앞서 고민한 '쪼개기, 택하기, 자리 잡기'에서 도출한 차별화 포인트를 한 문장의 알람 메시지로 만들어 보자. 막막하다면 마티 뉴마이어가 한 문장으로 브랜드를 정의하는 구조를 참고하면 도움이 된다. 그 구조는 다음과 같다.

"우리 브랜드는 유일하게 _____하는 _____ 브랜드다."[4][xxi]

'_____브랜드다'에는 쪼개기, 택하기를 통해 선정한 시장을 적

---

4 원문은 "Our brand is the only _____ that ____."이다.

고, '_____하는'에는 자리 잡기에서 정한 우리 브랜드만의 차별화 포인트를 적으면 된다. 스타벅스라면 어떻게 이 문장을 완성할 수 있을까? '스타벅스는 유일하게 제3의 공간을 제공하는 커피 브랜드다'라고 말할 수 있다. 제3의 공간The Third Place은 현대인에게 제1의 장소인 집과 제2의 장소인 회사 말고 또 다른 안식처로 인식된다. 스타벅스는 친구와의 만남, 가벼운 미팅 등 집이나 회사에서 하기 힘든 일들을 쉽게 할 수 있는 제3의 공간으로 자리 잡았다. 그 어떤 카페보다 스타벅스가 편하게 느껴지는 이유도 바로 여기에 있다.

미국의 대표 관광 도시 라스베이거스를 한 문장으로 정의하면 어떻게 될까? 과거에 라스베이거스는 '이곳에서 일어나는 일은, 이곳에서 끝난다What Happens Here, Stays Here'라는 슬로건을 썼다. 라스베이거스에서는 어떠한 일탈을 저질러도 당신의 일상에는 영향을 미치지 않는다는 의미를 담고 있다. 이를 한 문장으로 정의하면 '라스베이거스는 유일하게 일탈이 허용된 도시 브랜드다'라고 말할 수 있다. 2020년에는 '이곳에서 일어나는 일은, 오직 이곳에서만 경험할 수 있다What Happens Here, Only Happens Here'라고 라스베이거스의 슬로건이 바뀌었다. 이를 한 문장으로 번역하면 어떻게 될까? '라스베이거스는 유일한 비일상을 경험할 수 있는 도시 브랜드다'라고 말할 수 있다. 일탈을 압도적인 비일상으로 다소 순화하려는 의도가 보인다. 다만 라스베이거스의 유일함은 변하지 않았다.[xxii]

이렇게 유일함을 강조하는 알람 메시지를 완성하면 여러 장점이 있다. 먼저 브랜드를 알리지 않아도 된다. 무슨 말일까? 유일함만 강조해도 소비자는 우리 브랜드를 알아서 찾아오게 되어 있다. 소비자에게는 다른 선택지가 없으니 말이다. 소비자는 브랜드 광고에는 거부감이 있어도 유일한 무언가에 대한 광고는 콘텐츠로 받아들이는 경향이 있다. 소비자에게 거칠게 다가가는 것이 아니라 소비자를 부드럽게 브랜드로 당길 수 있는 방법이다. 과거에 유일하게 미니컴퓨터를 팔았던 DEC^{Digital Equipment Corporation}는 미니컴퓨터를 사야 하는 이유만 말하면 되었다. 코카콜라는 청량음료를 마셔야 하는 이유, 허츠^{Hertz}는 렌터카 서비스를 이용해야 하는 이유만 말하면 되었다. 그들은 모두 당시에 해당 시장에서 유일한 브랜드였으니 말이다.^{xxiii}

미용에 관심 있는 사람이라면 '제로네이트'를 한 번쯤 들어봤을 것이다. 치아 삭제를 최소화한 라미네이트로 알려져 있다. 협찬인지는 모르겠지만 많은 연예인이 하고 있는 시술로도 유명하다. 재미있는 점은 제로네이트 바이럴 광고에는 치과명이 나오지 않는다는 사실이다. 검색을 해야만 알 수 있다. 왜 그럴까? 의료법(제57조)의 영향도 있겠지만 제로네이트를 하는 치과는 단 하나밖에 없기 때문에 굳이 치과명을 언급할 필요가 없다. 라미네이트를 하는 치과는 수없이 많지만 제로네이트를 하는 치과는 TU 치과가 유일하다. 다시 말해 'TU 치과는 유일하게 제로네이트를 하는 치과 브랜드다' 제로네이트에 관심이 생긴 사람은 자발적으로 검색하여 TU 치과를 찾게 된다.

유일함의 또 다른 장점은 1등과 같은 효과를 얻을 수 있다는 점이다. 쉽게 말해 사람들이 오랫동안 기억한다는 것이다. 달에 처음으로 발을 내디딘 닐 암스트롱Neil Armstrong은 대부분 기억하지만 2등인 버즈 올드린Buzz Aldrin을 기억하는 사람은 드물다. 우리가 본 대부

그림 2–13 사진의 인물은 닐 암스트롱이 아닌 버즈 올드린이다. 버즈 올드린의 헬멧에 작게 비친 사람이 닐 암스트롱이다.

분의 사진이 버즈 올드린임에도 불구하고 말이다. 유일함을 말함으로써 1등을 말하는 것과 동일한 효과를 얻을 수 있다. 인식상으로는 둘 다 1등이라고 봐도 무방하다. 둘 다 사람들 머릿속에 오랫동안 남게 되기 때문이다.

다시 한번 말하자면 사람들의 마음에 자리 잡는 1등은 두 가지 방법으로 가능하다. 경쟁을 통해 1등을 하거나, 유일함으로 1등을 하거나. 이를 잘 보여 주는 것이 오구라 기조^{小倉紀蔵}가 말한 '장원'과 '일본 최고' 개념이다.^{xxiv}

장원은 조선에 단 한 사람밖에 없었다. 정확히는 과거가 행해질 때마다 단 한 명의 1등밖에 탄생하지 않았다. 운과 실력이 완벽히 맞아떨어져야만 1등을 할 수 있다. 브랜딩 법칙 ZERO의 Z(극단적 차별화)는 이와 다르다. '일본 최고'의 개념과 비슷하다. 소설을 잘 써도 1등, 우동을 잘 만들어도 1등, 혹은 종이접기를 잘해도 1등이다. 일본 전역에 무한대로 존재할 수 있는 것이 일본 최고다. 쪼개기, 택하기, 자리 잡기를 통해 유일함을 획득할 수만 있다면 최고가 될 수 있는 것이다. 이를 통해 장원 급제를 한 사람과 동일한 기억을 고객의 머리에 남길 수 있다.

유일함을 떠올리기 힘들다면 '최고^{Best}'나 '최초^{First}'를 강조해도 좋다. 벡스^{Beck's} 맥주가 미국 시장에 진출할 때 이를 성공적으로 해냈다. 당시에 미국에는 최초의 수입 맥주 하이네켄^{Heineken}과 최초의 독일산 수입 맥주 뢰벤브로이^{Löwenbräu Brewery}도 있었다. 최초라는 말을 쓰는 것은 여러모로 불가능해 보였다. 그렇다고 신규 시장에서 최고를 말하는 것도 어려워 보였다. 하지만 벡스는 최고를 강조할 수 있는 아이디어를 떠올렸다. 다음과 같은 광고를 한 것이다.[xxv]

"당신은 미국에서 가장 인기 있는 독일 맥주(뢰벤브로이)의 맛을 보았습니다. 이제는 독일에서 가장 인기 있는 독일 맥주(벡스)를 맛보십시오."

어떠한 프레임으로 본인의 제품과 서비스를 바라보느냐 혹은 바라보게 만드냐에 따라 '유일', '최고', '최초'를 만들 수 있다. 고민의 깊이가 충분하다면 반드시 만들 수 있다. 유일함을 강조하는 문장을 완성하기 힘들다면 고객의 고착화된 개념을 부정하는 것도 방법이다. 쉽게 말해 고객에게 익숙한 개념을 부정하고 새로운 개념을 제시하는 것이다. 브랜딩 전문가 홍성태 교수가 말한 방법을 참고해 보자.

"____은 ____이 아닙니다. ____입니다."[xxvi]

40대 이상인 분은 광고 하나가 떠오를 것이다. 맞다. 에이스 침대 광고다. '침대는 가구가 아닙니다. 과학입니다'로 전 국민에게 에이스 침대를 각인시켰던 그 광고다. 이처럼 소비자에게 고착화된 개념을 부정하고 나서 본인만의 차별화된 개념을 제안하는 것이다. AHC 아이 크림 포 페이스는 '아이 크림은 눈에만 바르는 게 아닙니다. 얼굴 전체에 바르는 겁니다'라는 메시지를 통해 3조 원 가치에 달하는 회사로 성장할 수 있었다. 이를 통해 또 다른 유형의 유일함을 획득하여 고객의 마음에 자리 잡을 수 있다.

다시 한번 강조하고 싶다. 고객이 기억하는 것은 1등뿐이다. 이를 달성하기 위한 방법은 두 가지다. 무한 경쟁에서 최고가 되거나, 쪼개기, 택하기, 자리 잡기를 통해 유일한 존재가 되거나, 기존 장르에서 1등을 하거나 새로운 장르를 만들거나 중 하나다. 브랜딩 법칙 ZERO가 말하는 차별화는 유일한 존재가 되는 일이자, 새로운 장르를 만드는 일이다.

차별화된 알람 메시지를 만들었다면 이를 기반으로 브랜드 스토리를 만들어 볼 수 있다. 또한 이에 걸맞은 대표 색상, 폰트, 로고, 말투 등도 고민해야 한다. 직접 제작하기 힘들다면 '라우드소싱', '크몽', '숨고' 등의 사이트를 통해 알람 메시지에 걸맞은 디자인 및 스토리 개발을 요청해도 좋다. 이제 차별화된 한 문장의 알람 메시지를 기반으로 제품, 가격, 유통, 판촉을 어떻게 하면 좋을지 하나하나 구체적으로 알아보자.

제품, 가격, 유통, 판촉으로 차별화

쪼개기, 택하기, 자리 잡기를 통한 차별화는 제품, 가격, 유통, 판촉에 일관되게 적용되어야 한다. 그래야만 소비자가 혼란스럽지 않고 차별화를 온전히 받아들일 수 있다. 이를 '마케팅 믹스^{Marketing Mix}'라고 부른다.

예를 들어 샤넬과 같은 명품 브랜드(제품)를 비싼 가격(가격)에 편의점(유통)에서 1+1 프로모션(판촉)으로 판매하면 안 된다는 말이다. 이렇게 하면 소비자는 해당 제품을 럭셔리로 볼지 가성비로 볼지 혼란스러워지기 때문이다. 차별화가 고객의 마음에 자리 잡을 수 없게 된다. 이는 당연한 말처럼 들릴 수도 있다. 다만 각각의 요소를 떼어 놓고 생각해 보면, 자칫 일관성을 잃을 수 있다. 브랜드 핵심 가치의 일관성을 지키면서, 네 가지 요소를 어떻게 조합하고

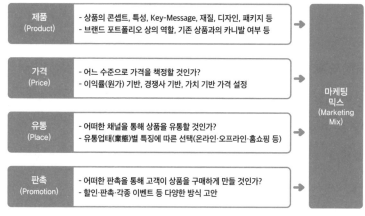

제품 (Product)	- 상품의 콘셉트, 특성, Key-Message, 재질, 디자인, 패키지 등 - 브랜드 포트폴리오 상의 역할, 기존 상품과의 카니발 여부 등	→	
가격 (Price)	- 어느 수준으로 가격을 책정할 것인가? - 이익률(원가) 기반, 경쟁사 기반, 가치 기반 가격 설정	→	마케팅 믹스 (Marketing Mix)
유통 (Place)	- 어떠한 채널을 통해 상품을 유통할 것인가? - 유통업태(業態)별 특징에 따른 선택(온라인·오프라인·홈쇼핑 등)	→	
판촉 (Promotion)	- 어떠한 판촉을 통해 고객이 상품을 구매하게 만들 것인가? - 할인·판촉·각종 이벤트 등 다양한 방식 고안	→	

그림 2-14) 4P와 마케팅 믹스

또한 어떻게 차별화할 수 있을지 깊이 고민해야 한다.

하버드 경영대학원 교수인 마이클 포터Michael Eugene Porter는 다음과
같이 말했다.

"약자가 강자와 같은 장소에서 싸움을 하려면 우선 상품을 차별화하고
그것이 여의찮으면 싸움의 장소를 달리하고, 그것도 여의찮으면 낮은
가격으로 승부하고, 그것도 여의찮으면 틈새시장을 찾아라."[xxvii]

지금부터 알아볼 제품, 가격, 유통, 판촉에서 이를 위한 구체적
인 방법을 다룰 것이다. 골리앗 앞에 선 다윗의 심정으로 집중해서
알아보자.

제품(소비자의 관점)

제품의 핵심은 이렇다. 좋은 제품이 좋아 보여야 한다. 실체도 좋아야 하지만 고객이 보기에도 좋아 보여야 한다는 의미다. 호텔에 가면 흔히 볼 수 있는 변기 뚜껑 위에 둘린 종이띠Fresh Strip가 대표적인 사례다. 변기를 깨끗하게 청소하고 변기 뚜껑에 종이띠를 두름으로써 소비자도 깨끗하다고 느끼게 만든다. 더 극단적인 예로 유기농을 표방하는 슈퍼마켓에 가면 흔히 볼 수 있는 이슬이 맺혀있는 채소가 있다. 건조한 채소보다 더 신선하고 좋아 보인다. 하지만 이는 소비자의 눈에 좋아 보이는 것뿐, 실체는 다르다. 이슬이 달려 있을 때 채소는 더 빨리 시든다. 생산자의 관점만 유지했다면 절대로 생각할 수 없는 아이디어다. 이처럼 실체를 훼손하면서까지 소비자 인식을 좋게 만드는 것을 바람직하다고 말하는 것은 아니다. 다만 소비자의 인식을 고려해야 한다는 점을 강조하고 싶었다. 좋은 제품을 만들었다면 반드시 좋아 보이게 만들어야 한다.[xxviii]

이를 위해 먼저 제품, 상품, 작품의 차이를 알아야 한다. 쉽게 말해 제품은 '생산자가 만든 물건'이고, 상품은 '소비자가 사는 물건'이고 작품은 '예술가로부터 발생한 물건'이다.[5] 제품은 '생산자 중

---

5 '만들어 낸'이 아닌 '발생한'이라고 적은 이유는 예술가가 작품을 직접 만들지 않는 경우가 있기 때문이다. 이미 만들어진 제품을 선택하고, 이름 붙이고, 새로운 가치를 부여해도 작품이 되기 때문에 발생했다는 표현을 사용했다.

심', 상품은 '소비자 중심', 작품은 '예술가 중심'의 용어다. 우리가 취해야 할 용어는 무엇일까? 당연히 '상품'이다. 마케팅 믹스가 '생산자 중심'의 용어이다 보니 제품이라는 단어를 쓰고 있지만 늘 '상품'이라는 시각으로 접근해야 한다. 다시 말해 제품을 소비자 중심의 물건, 즉 상품으로 바라보아야 한다.

세상에는 온갖 종류의 제품과 서비스가 존재한다. 특히나 레드오션에서는 더욱 그러하다. 기존에 없던 완전히 새로운 제품이란 존재할 수 없다. 그렇다고 기존과 비슷한 제품을 출시할 수는 없다. 소비자의 눈에 들어오지 않기 때문이다. 소비자의 눈에 띄려면 어떻게 해야 할까? 소비자로 하여금 새로운 시각으로 제품을 바라보게 만들어야 한다. 이를 가장 잘했던 국내 뷰티 브랜드가 AHC다.

AHC가 2012년에 출시한 아이 크림은 크게 색다를 게 없었다.

에스테틱 노하우의 결정체

피부 관리에 대한 깊은 이해와 노하우를 바탕으로 끊임없이 연구,
개발하여 다양한 피부 고민별 아이크림을 출시했습니다.
AHC 아이크림 토 베이스는 곧, 에스테틱 노하우의 결정체입니다.

2012년 최초,	토탈	고농축	고영양	91% 자연유래	항산화	주름 집중	고밀도 & 고탄성	20s 바이옴
얼굴전체에 바르는 아이크림	안티에이징	안티에이징	안티에이징	안티에이징	안티에이징	안티에이징	안티에이징	탄력 강화

그림 2-15 새로운 시각으로 제품을 만들어 낸 AHC

화장품 용기 디자인도 원료도 경쟁사와 뚜렷하게 구분될 만한 특징이 없었다. 단 하나만 빼고. 아이 크림인데 얼굴 전체에 바를 수 있다는 점이다. 눈가 주름을 없애기 위해 소량만 아껴 바르던 고가의 아이 크림을 얼굴 전체에 바를 수 있다니! 소비자는 즉각적으로 반응하기 시작했다. '얼굴 전체에 바르는 아이 크림'을 내세운 AHC의 리얼 아이 크림 포 페이스Real Eye Cream For Face는 그렇게 제품으로 차별화에 성공하고 대히트를 하게 된다. 2017년에 AHC를 보유한 카버코리아는 사모펀드 운용사와 글로벌 생활용품 기업 유니레버에 3조 원이라는 천문학적인 가치로 매각되었다.

AHC가 경쟁사와 비슷한 제품을 소비자가 색다르게 바라보게 만들어서 성공했다면, 지포Zippo는 소비자의 시선에서 본인들의 제품을 새롭게 바라봄으로써 성공했다. 라이터로 유명한 그 지포다. 지포의 창업자인 조지 블레이스델George G. Blaisdell은 초기에 라이터의 성능과 디자인으로 제품 차별화를 시도했다. 소비자의 반응은 뜨뜻미지근했다. 고객은 다른 용도로 지포 라이터를 활용했기 때문이다. 바로 판촉물이었다.

지포 라이터는 몸통이 매끈해서 표면에 문구를 각인하기 쉬웠고 늘 가지고 다녔기 때문에 광고판으로 안성맞춤이었다. 이에 주목한 기업들이 하나둘 지포 라이터를 대량 주문하여 자사 로고를 각인하기 시작했다. 조지 블레이스델은 이것이 차별화로 활용될 수 있음을 깨닫게 되었다. 이후부터 지포 라이터는 군대, 동물, 스포

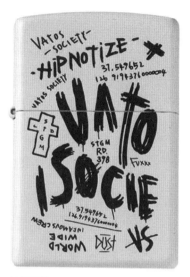
그림 2-16 ZIPPO X STIGMA 에디션 라이터

츠 등의 다양한 테마로 라이터를 디자인하여 차별화에 성공했다. 매출은 자연스레 따라 올라왔다.[6]

지포 라이터의 차별화는 이뿐만이 아니었다. 경쟁사는 생각지도 못한 감각에 집중했다. 그것은 소리였다. 방풍 라이터를 열 때 나는 상징적인 '딸깍!' 소리에 대해 2018년에 공식적으로 상표권을 획득했다. 이 또한 고객이 지포 라이터를 어떻게 바라보는지 집중했기에 가능한 차별화였다. 생산자 관점에서 불을 켜는 라이터라는

---

6 운도 크게 따랐다. 베트남 전쟁 중에 미군 병사가 왼쪽 가슴에 총을 맞았다. 그런데 죽지 않고 살았다. 왼쪽 가슴 주머니에 넣어둔 지포 라이터가 총알을 막아준 덕분이었다. 이 일화는 《라이프 (Life)》지에 실리면서 엄청난 파급력을 일으키게 된다.

속성 자체에만 집중했다면 떠올리기 힘든 차별화였다.[xxix]

제품으로 차별화에 성공한 수많은 브랜드는 생각보다 새롭지 않다. 그저 제품을 새롭게 바라보거나 바라보게 만들었을 뿐이다. 누적 판매량 1,500만 개를 달성한 가히의 멀티밤은 입술에 바르는 립밤과 비슷한 제형의 제품을 얼굴 전체에 바르는 사용 범주로 차별화했다. 누적 판매량 3,000만 병을 기록한 달바 비건 미스트 세럼은 기존에 있었던 '미스트'에 고기능성으로 인지되는 '세럼'이라는 용어와 성분을 붙여 차별화에 성공했다. 다시 말해 소비자가 제품을 바라보는 관점을 어떻게 새롭게 만드느냐가 제품 차별화의 핵심이다.

가격(소비자가 느끼는 수치화된 가치)

가격을 정하는 방법은 크게 다섯 가지가 있다.[xxx] 대부분의 브랜드는 원가 기반 가격 설정 혹은 경쟁 기반 가격 설정을 활용한다. 가

원가 기반 가격 설정 (Cost-plus pricing)	원가에 마진을 더해 가격을 설정하는 방법
경쟁 기반 가격 설정 (Competitive pricing)	경쟁사의 가격을 고려하여 가격을 설정하는 방법
스키밍 가격 설정 (Price skimming)	출시 초기에 높은 가격을 설정하여 수익을 극대화하는 가격 설정 방법
침투 가격 설정 (Penetration pricing)	출시 초기에 낮은 가격을 설정하여 시장 점유율을 극대화하는 가격 설정 방법
가치 기반 가격 설정 (Value-based pricing)	고객이 지각하는 가치를 기준으로 가격을 설정하는 방법

표 2-2 가격을 정하는 다섯 가지 방법

장 쉽고 직관적이기 때문이다. 애플이나 삼성의 스마트폰처럼 신기술이 중요한 시장에서는 일반적으로 스키밍 가격 설정을 통해 초반에 수익을 극대화하고 시간이 지남에 따라 가격을 낮추어 최대 이윤을 확보한다. 판매량의 증가가 원가 절감에 큰 영향을 주는 시장이나, 프린터나 캡슐 커피처럼 하드웨어만 판매하면 이후에 지속적으로 소모품을 판매할 수 있는 캡티브 마켓Captive Market은 초반 가격을 낮게 가져가는 침투 가격 설정을 주로 택한다.

또 하나 생각해야 할 가격 전략이 가치 기반 가격 설정이다. 많은 생산자가 놓치고 있는 가격 설정 방법이기도 하다. 가격의 핵심은 윤석철 교수가 말한 생존 부등식으로 정리된다. 만드는 비용Cost보다 가격Price이 높아야 하고, 책정한 가격보다 고객이 느끼는 가치Value가 높아야 한다는 것이다.[xxxi] 이를 부등식으로 표현하면 아래와 같다.

제품의 가치(V) 〉 제품의 가격(P) 〉 제품의 원가(C)

여기서 하나의 결론을 얻을 수 있다. 생산자의 이익은 P - C의

생산자의 이익[11]	소비자의 만족도
제품의 가격(P) - 제품의 원가(C)	제품의 가치(V) - 제품의 가격(P)

표 2-3 생산자의 이익과 소비자의 만족도

크기에 달려 있고 소비자의 만족도는 V - P의 크기와 비례한다는 점이다. 소비자는 가치를 구매하는 것이기에 가치 중심적으로 가격을 바라보게 된다. 즉 소비자에게 가격은 '가치를 수치화한 것'이 된다. 가격을 어떻게 설정하느냐에 따라 고객이 우리 브랜드의 가치를 어떻게 여길지 결정될 수 있다는 말이다. 최근에 약식 브랜드 컨설팅을 해 드렸던 대표님에게 강조했던 말이기도 하다.

제조업을 중심으로 하는 P사는 신규 브랜드 론칭을 앞두고 있었다. 제품을 만드는 비용도 대표님이 추구하는 이미지도 모두 프리미엄과 어울렸다. 문제는 가격이었다. 시장에서 가성비 제품이 위치한 가격대 중에서 가장 높은 가격대로 설정한 것이다. 가격 설정의 이유를 물었다. 프리미엄 가격대보다 가성비 가격대가 더 잘 팔릴 것 같다는 답변을 들었다. 가격만 보면 소비자에게 가성비 제품으로 인식될 확률이 높았고 이익 관점에서도 좋지 않은 선택이었다. 제품의 원가와 가격이 큰 차이가 없었기 때문이었다. 여러모로 가격을 재조정할 필요가 있어 보였다. 다만 제품 출시일이 얼마 남지 않아 현실적으로 가격 재조정은 어려워 보였다. 대신 구체적으로 두 가지 조언을 드렸다. '원가 공개 전략'과 '중간 가격 전략'이었다.[7]

먼저 원가를 공개하는 것이다. 대부분의 경우 원가를 공개하면

---

7 정확히는 매출 총이익(Gross Margin)이다.

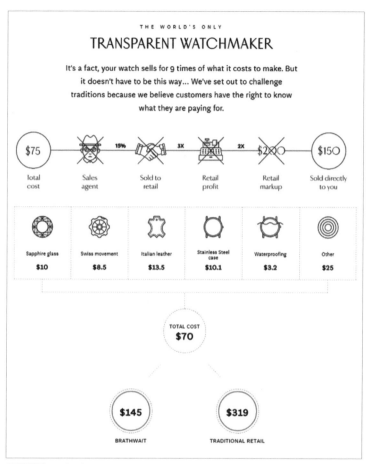

THE WORLD'S ONLY

TRANSPARENT WATCHMAKER

It's a fact, your watch sells for 9 times of what it costs to make. But
it doesn't have to be this way... We've set out to challenge
traditions because we believe customers have the right to know
what they are paying for.

$75 — Sales agent — 15% — Sold to retail — 3X — Retail profit — 2X — Retail markup — $150 Sold directly to you

Total cost

Sapphire glass	Swiss movement	Italian leather	Stainless Steel case	Waterproofing	Other
$10	$8.5	$13.5	$10.1	$3.2	$25

TOTAL COST
$70

$145
BRATHWAIT

$319
TRADITIONAL RETAIL

그림 2-17 시계의 원가를 투명하게 공개하여 가격 차별화에 성공한 시계 브랜드 Brathwait

소비자는 가격이 비싸다고 느끼게 된다. 대부분의 상품 가격은 원
가 대비 최소 3배에서 많게는 수백 배에 달하기 때문이다. 소비자
는 가격을 주관적 가치로 생각하다가 원가를 보게 되는 순간 객관
적 수치로 보게 된다. 원가를 공개하면 비싸다고 느끼게 되는 이

그림 2-18 마더그라운드 홈페이지에 공개된 원가

유가 이 때문이다. 해당 상품은 오히려 원가 대비 가격이 너무 낮았기에 이를 공개하면 소비자가 가치 대비 상품의 가격이 낮다고 인식할 확률이 높았다. 소비자의 심리를 역이용하는 전략이었다. 이를 미국의 손목시계 브랜드 브라스웨잇Brathwait이 잘하고 있다. 브라스웨잇은 높은 원가를 투명하게 공개하는 가격 차별화 정책을 기반으로 '세계 유일의 투명한 시계 제조업체'를 표방하고 있다. 우리나라의 신발 브랜드 '마더그라운드Mother Ground'도 비슷한 전략을 구사하고 있다. 홈페이지에 전체 단계별 비용과 부품별 비용을 모두 공개한다. 유통 수수료 30%가 제외된다는 점까지 강조하면서 가치 대비 가격이 낮다는 것을 소비자에게 꾸준히 알리고 있다.[xxxii]

다음으로 '중간 가격 전략'은 소비자에게 중간 가격 선택지를 제공하는 것이다. 주력으로 팔고 싶은 상품 구성을 가격 상 중간에 위치시키는 것이다. 이는 와디즈나 텀블벅과 같은 크라우드 펀딩

사이트에서 자주 사용되는 방법이다. 상품 구성을 저가, 중가, 고가로 만들어 세 가지 선택지를 소비자에게 제안하는 것이다. 소비자는 익숙하지 않은 상품 혹은 브랜드를 접할 때 가장 싼 가격이나 가장 비싼 가격이 아닌 중간 가격대의 상품 구성을 선호하는 심리가 있다. 이를 중간 선택 편향Middle Option Bias이라고 부른다. 가격 전략에 이러한 소비자 심리를 반영하는 것이다.

가격 책정 분야의 거장인 헤르만 지몬Hermann Simon은 가격은 대체로 수명이 짧고 빠르게 잊힌다고 말한다. 쉽게 말해 고객은 본인이 산 물건의 가격을 제대로 기억하지 못한다는 말이다. 심지어 방금 산 물건의 가격도 제대로 기억하지 못한다는 사실이 다수의 연구를 통해 증명되었다.[xxxiii] 그렇다면 무엇이 오래 남는가? 제품의 품질과 만족감이다. 다른 말로 고객이 느끼는 가치가 가장 오래 남는 것이다. 저가 제품도 예외가 아니다. 아성다이소(이하 다이소)가 그 대표적인 예다.

저가 제품의 대명사로 불리는 다이소가 가장 집중하는 것도 '가격'이 아닌 '가치'다. 1,000원짜리 지폐와 다이소 상품 하나를 고객에게 제시했을 때 망설임 없이 다이소 상품을 선택하게 만드는 것이 다이소의 핵심 철학이다. 싼 게 비지떡이라고 소비자는 저렴한 제품을 낮은 가치로 인식하는 경향이 있다. 다이소의 박정부 회장은 그렇기에 더더욱 좋은 품질의 제품을 만들기 위해 최선을 다한다고 말한다. 그렇지 않으면 '역시 싼 게 그렇지 뭐'라는 반응에서

벗어나지 못하는 브랜드가 되기 때문이다.[xxxiv]

이처럼 가격은 가치의 관점에서 접근해야 하고, 고객의 인식상 어떤 범주에 들어가는지를 고려해야 한다. 고객은 합리적으로 가격을 판단하지 않는다. 이를 잘 보여 주는 카테고리가 '전자책' 시장이다. 원가 기준으로 생각했을 때는 전자책이 종이책보다 비쌀 이유가 없다. 만드는 비용도 들지 않고, 재고 부담도 없으며 판매 수수료도 낮기 때문이다. 그럼에도 불구하고 상당수의 전자책(종이책으로 출간되지 않은 전자책)은 종이책보다 비싼 가격에 팔리곤 한다. 이에 대한 비판의 목소리도 있지만 여전히 많은 사람들은 펀딩 플랫폼 혹은 재능 플랫폼 등에서 비싼 가격을 지불하고 전자책을 구매한다. 그들에게 전자책은 종이책보다 비싼 가격 범주에 속하는 고가치 제품이자 서비스이기 때문이다.

이처럼 가격으로 차별화를 할 때는 소비자가 생각하는 어느 가치 범주에 들어갈지를 고려할 필요가 있다. 이것이 가격 차별화의 핵심이다. 가격을 단순히 얼마에 팔지의 관점이 아닌 어떤 가치로 인식되게 만들지를 고려해야 한다는 말이다. 소비자는 특정 가격대에 특정 이미지를 연상하기 때문이다. 가격을 설정했다면 그 가격대의 브랜드 이미지는 어떠한지를 면밀히 살펴보아야 한다.

애매한 가격이라도 색다르게 보일 수 있는 방법이 있다. 가격에 색다른 의미를 부여하는 것이다. 카페 브랜드 웍스프레소가 이를 훌륭하게 해냈다. 가격만으로 사람들의 이목을 끌고 입소문을

세계 최초
커피 가격 주가지수 연동제 실시
코스피 지난주 금요일 종가
24708.56
이번 주 커피값
2470
에스프레소/Hot 아메리카노에 한함
(Ice 500원 추가)

그림 2-19 웍스프레소의 커피 가격 주가 지수 연동제

일으킨 것이다. 어떻게 하면 가능했을까? 커피 가격을 주가 지수
와 연동시킨 것이다. 웍스프레소 커피의 2,000원대 가격은 메가
MGC커피, 매머드커피 등의 초저가 테이크아웃 커피보다는 비싸
고, 이디야커피와 같은 저가 커피 브랜드보다는 싸다. 가격 그 자
체로는 이슈가 될 요소가 전혀 없어 보인다. 별다를 것 없는 가격
임에도 주가 지수와 연동시킨 아이디어 하나로 가격 차별화에 성
공했다. 단 두 개 지점밖에 없는 작은 커피 프랜차이즈임에도 불
구하고 가격 하나로 온라인상을 뜨겁게 달구었고 브랜드를 많은
사람에게 알릴 수 있었다.

　판매하는 상품의 종류SKU가 많거나 쇼핑몰을 운영한다면 제로
마진Zero margin 전략도 고려해 볼 만하다. 마진을 남기지 않는 가격대

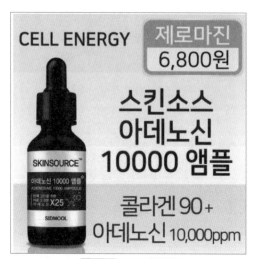
그림 2-20 제로 마진 상품

의 상품으로 고객을 온오프라인 매장으로 유입시킨 후 최종적으로 마진이 남는 상품까지 같이 판매하는 것이다. 기초 화장품 브랜드 시드물의 제로 마진이 대표적인 예다. 고객에게 외면받는 최하위권 상품을 제로 마진으로 구성하여 고객의 온라인몰 방문을 유도한다. 고객은 제로 마진 상품을 구매하기 위해 방문했다가 무료 배송 기준 금액을 맞추기 위해 다른 상품까지 추가 구매를 하게 된다. 결국에 시드물은 제로 마진 상품을 통해 역설적으로 마진을 얻게 된다.[xxxv]

유통(소비자의 라이프 스타일)

유통의 핵심은 무엇일까? 유노연의 《온라인 매출 쉽게 올리는 유통 마케팅 비법》에 나온 세 가지 방법이 핵심을 잘 정리하고 있다. 첫째, 신규 유통 채널을 지속적으로 확보한다. 둘째, 기존 유통 채널에 상품 공급을 늘린다.[xxxvi] 셋째, 상품이 소비자에게 공급되는 유통 단계를 단축한다.

그렇다면 이를 어떻게 달성할 수 있을까? 핵심은 이렇다. 먼저 기존 유통 채널에 전력을 다하면서 고객을 늘리고 그들에 대한 이해도를 꾸준히 높인다. 다음으로 고객의 라이프 스타일을 고려하여 신규 유통을 지속적으로 고민하고 확장한다. 장기적으로는 브랜드력을 키워 고객을 자사 몰로 유입시킨다. 이를 순차적으로 차근차근 진행해야 한다.

이 과정에서 많은 브랜드가 실수하는 것이 있다. 쿠팡과 같은 플랫폼에서 잘 팔린다고 섣부르게 자사 몰에 집중하는 것이다. 유통 플랫폼에 지불하는 수수료를 아끼려고 서두르는 것이다. 브랜드력이 갖추어지기 전에 섣불리 자사 몰에 집중하면 고객이 분산되면서 쿠팡에서도 순위가 떨어지고 자사 몰 매출도 잘 일어나지 않아 순식간에 모든 고객을 잃을 수 있다. 고객이 우리 제품을 사는 이유가 브랜드를 인식하고 사는 것인지, 쿠팡과 같은 거대 플랫폼에 들어왔다가 우연히 보고 구매하는 것인지 객관적으로 판단한 이후에 자사 몰 집중을 고려해야 한다.

온라인 유통은 한편으로는 뻔할 수 있다. 새로운 브랜드를 온라인에서 출시하는 대표님들이 고려하는 유통 플랫폼은 다음과 같이 비슷하다. 출시 전에는 '와디즈'나 '텀블벅' 같은 크라우드 펀딩 플랫폼을 고려하고, 출시 이후에는 네이버 스마트스토어와 쿠팡 등의 거대 플랫폼을 고려한다. 온라인 유통과 관련해서 하나의 공식이 자리 잡은 듯하다. 이처럼 모두와 똑같은 유통만을 고려한다면 차별화가 힘들다. 고객의 라이프 스타일을 고려하여 더 깊게 고민해야 한다. 다시 말해 우리 고객은 평소에 어디 있을지를 고민해야 한다. 이를 기반으로 신규 유통으로 확장해야 한다.

최근에 만난 반려동물 사료 제조업체 대표님도 비슷한 상황이었다. 경쟁사와 동일한 유통 채널만을 고려하고 있었다. 내가 물었다. '오늘의집'과 '마켓컬리'에서 판매해 보는 것은 어떠냐고 말이다. 대표님은 잠시 검색을 하더니, 몇몇 브랜드가 그곳에서 판매 중인 것을 보고 함께 고려해 보겠다고 말했다. 나는 한발 더 나아가 무신사에서 파는 것은 어떠냐고 물었다. 이렇게 지속적으로 이야기를 나누다 보니, 잠재 고객이 있지만 경쟁사가 아직 본격적으로 진입하지 않은 유통 플랫폼이 하나둘 보이기 시작했다. 유통 차별화에서 중요한 점은 이것이다. 생산자의 관점에서 바라보지 말고 소비자의 라이프 스타일에 포커스를 맞추어 상품을 제공하는 것이다. 그렇게 유통을 확장하는 것이다. 이를 가장 잘하는 브랜드 중 하나가 일본의 츠타야서점이다.

지금도 대부분 그렇지만 과거의 서점이 책을 보여 주는 방식은 천편일률적이었다. 소설, 인문, 경제/경영, 예술/여행 등 장르별로 구획을 하고, 베스트셀러와 신간을 부각하는 식이다. 다분히 생산자 관점에서 상품을 진열하고 있는 것이다. 츠타야서점은 이와 다르다. 전체적으로는 기존 서점과 비슷한 배치를 보이면서도 고객의 라이프 스타일을 고려해 책과 관련 제품을 같이 진열한다. 이를테면 와인 코너를 마련해 와인과 관련된 소설과 실용서는 물론이고 와인 및 와인 잔 그리고 와인과 같이 먹을 수 있는 치즈까지 같이 파는 식이다. 서점에서는 책만 판다는 생산자적 고정관념을 버리고 소비자의 라이프 스타일에 맞춰 총체적으로 상품을 제안하는 것이다. 이를 통해 유통 차별화를 해냈다.[xxxvii]

고객의 라이프 스타일을 고려한 뾰족한 유통 전략으로 차별화를 해낸 브랜드도 있다. 비타민계의 에르메스로 알려지며 큰 성공을 거둔 오쏘몰Orthomol이다. 마케팅 모임을 할 때마다 오쏘몰을 아냐고 물어보면 아는 사람이 그리 많지 않다. 제품 사진을 보여 주고 설명하면 모른다고 했던 사람 중 상당수가 뒤늦게 '아, 그 브랜드!'하고 알아차린다. 본인이 선물 받은 제품이라고 말하는 사람이 대부분이었다. 그렇다. 오쏘몰은 카카오톡 선물하기라는 뾰족한 유통을 통해 차별화에 성공하고 급성장한 브랜드다.

홍삼을 비롯한 영양제는 본인이 직접 구매하기도 하지만 선물로 받는 경우가 많다. 선물 받은 제품에 만족하면 본인이 직접 구매를 하는 경향도 크다. 즉 고객의 라이프 스타일을 고려했을 때 선물을 주고받는 유통에 들어가는 게 매우 적합한 제품군이다. 오쏘몰은

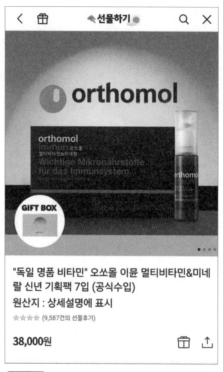

그림 2-21 카카오톡 선물하기 1위를 달성한 '오쏘몰'

이를 제대로 파악했다. 선물하기에 적당한 38,000원이라는 가격에 체질과 상관없이 먹을 수 있는 멀티 비타민으로 구성한 오쏘몰 이뮨 7일 패키지는 카카오톡 선물하기 랭킹 종합 1위를 달성했다. 좋아요만 17만 건이 넘고 후기는 약 1만 건에 달한다. 카카오톡 선물하기의 흥행에 힘입어 올리브영 어워즈 건강식품 분야 1위까지 기록했다. 알약과 액상의 두 가지 형태를 함께 제공하는 차별화와 시기적절한 SNS 마케팅도 한몫했지만, 카카오톡 선물하기라는 뾰

그림 2-22 김씨네과일 티셔츠 판매 현장

족한 유통 전략이 성공의 마침표를 찍었다.

경쟁사가 전혀 시도하지 않는 유통으로 차별화에 성공한 작지만 단단한 브랜드도 있다. 바로 김씨네과일이다. 이름만 들으면 과일 가게 같지만 놀랍게도 패션 브랜드다. 정확히는 과일이나 재미있는 문구가 프린팅된 티셔츠가 주력인 패션 브랜드다. 이들의 유통은 상상을 초월한다. 기존의 패션 브랜드가 전혀 시도하지 않았던 유통이기 때문이다. 경차 다마스에 티셔츠를 싣고 다니며 판매를 한다. 마치 트럭에 과일을 싣고 다니며 판매하는 과일 장수처럼 말이다.

판매 현장을 보면 더욱 기가 막힌다. 딸기나 토마토를 담아 놓아야 할 것 같은 구멍이 송송 뚫린 빨간 바구니에 티셔츠를 고이 접어 놓고 판매한다. 가격이나 상품 정보는 박스를 찢어서 매직 펜으로

후지와라 히로시가 기획한 편의점 콘셉트의 매장 '더 콘비니'

적어 넣는다. 구매한 손님에게는 검은 비닐봉지에 티셔츠를 담아서 건넨다. 마치 전통 시장에서 손님에게 과일을 건네듯이 말이다. 김씨네과일의 김도영 대표는 이 모든 것을 처음부터 기획한 것은 아니라고 말했지만, 결과적으로 이러한 색다른 유통은 Z세대에게 큰 반향을 일으키며 수많은 김씨네과일 마니아를 탄생시켰다.[xxxviii] 소유보다 경험을 중시하고, 기성세대에게 익숙한 전통 시장 혹은 길거리 판매를 신선하게 여기는 Z세대 고객의 라이프 스타일에 부합한 유통이었다.

김씨네과일의 유통이 리얼한 색다름이라면, 환상적인 색다름을 매번 보여 주는 사람이 있다. 일본 스트릿 패션의 황제라 불리는 후지와라 히로시藤原ヒロシ다. 그는 일반적인 매장에서 옷을 팔지 않

는다. 때로는 주차장에서 팔고, 때로는 수영장에서 팔기도 하고, 당구장이나 심지어 편의점에서 팔기도 한다. 김씨네과일과의 차이가 있다면 이러한 공간은 모두 그가 기획한 매장, 즉 콘셉트라는 말이다. 리얼함은 다소 떨어지지만 환상적인 이유가 바로 여기에 있다. 그리고 대중이 열광하는 이유 또한 여기에 있다. 소비자는 기존에 접하지 못했던 차별화된 유통에서 매력을 느끼는 것이다. 구매의 편리성을 넘어 구매의 재미까지 원하는 고객의 취향을 제대로 저격한 유통 차별화다.

지금까지 알아본 내용은 고객의 라이프 스타일을 고려한 유통의 확장과 차별화였다. 이 과정에서 브랜드 파워를 차근차근 키워 나가야 한다. 소비자가 브랜드를 인지하고 브랜드를 직접 검색해서 구매하게 만들어야 한다. 이 단계까지 도달했다면 자사 몰을 신중하게 고민해야 한다. 이유는 단순하다. 자사 몰 고객이 진짜 내 고객이기 때문이다. 유통 플랫폼에서 아무리 판매를 잘하더라도 한순간에 브랜드가 사라지고 고객과 이별할 수도 있다. 나의 고객이 아니므로 수수료도 많이 주어야 한다. 그리고 고객 데이터를 완전히 갖지 못하기에 고객이 진짜로 원하는 것을 제대로 파악하기도 힘들다. 여러모로 자사 몰은 꾸준히 키워 나가야 한다. 섣부르게 진행하면 안 되지만 외부 유통에만 기대서도 안 된다. 자사 몰을 지속적으로 고민하고 준비하고 결국에는 구축해야 한다.

어떠한 플랫폼이건 판매자를 영원토록 밀어주는 경우는 없다.

초심자의 행운은 그리 오래가지 않는다. 어떻게든 나의 첫 고객을 나의 단골 고객으로 만들어야 한다. 타 유통 플랫폼의 고객을 자사 몰 고객으로 만들어야 한다. 단기간에는 큰 이익을 보지 못하더라도 장기적인 시각으로 고객에게 다양한 혜택을 주면서 브랜드력도 키우고 자사 몰 고객의 숫자도 늘려야 한다. 이것이 최종적으로 강력한 유통 차별화가 된다.

판촉(소비자가 느끼는 한정된 혜택)

요새는 판촉보다 프로모션이라는 말을 더 많이 쓰는 것 같다. 편의점에 가면 흔히 볼 수 있는 2+1 프로모션이라든지, 여름과 겨울 막바지에 백화점에서 진행하는 시즌 오프Season Off 프로모션과 같이 말이다. 판촉보다 프로모션이라는 용어가 조금 더 광범위한 개념이지만 이 책에서는 엄밀한 구분 없이 사용하려 한다. 이 책에서 판촉은 아래와 같이 정의하고자 한다.

"시간, 공간, 사람을 한정한 혜택을 통해 브랜드가 목표로 하는 소비자 행동을 일으키는 행위"

과학적으로 보면 시간과 공간을 분리해서 보는 것은 맞지 않다. 철학적으로 보면 그것을 인식하는 인간도 따로 놓고 볼 수는 없다.

다만 판촉을 쉽게 구분 지어 생각한다는 측면에서 이 세 가지 요소를 따로 떼어놓고 이야기해 보고자 한다.

시간 한정 혜택은 홈쇼핑에서 흔히 볼 수 있는 '오늘만 이 가격', 공간 한정 혜택은 '스타벅스 리저브드 매장 전용 텀블러', 사람 한정 혜택은 'VIP 무료 배송' 등이 대표적인 예이다. 혜택을 시간, 공간, 사람으로 한정함으로써 가치의 희소성을 만들어 내고, 이를 알게 된 소비자에게 즉각적인 행동을 촉구하는 긴급성을 불러일으키는 것이다. 이것이 이 책에서 정의하는 판촉의 개념이다.

판촉의 핵심은 앞서 말한 희소성과 긴급성을 얼마나 잘 만드느냐에 있다. 여기에 소비자의 눈에 띌 수 있는 신선함을 더하면 금상첨화다. 그리고 잊지 말아야 하는 것이 혜택이다. 판촉을 고객 입장에서 정의한다면 '나만을 위한 혜택'이다. 상품과 서비스를 더 팔아 보려는 상술이 제일 앞에 드러나는 것이 아닌, 생산자가 다소 손해를 보더라도 소비자에게 혜택을 주겠다는 일종의 명분이 잘 드러나야 한다.

먼저 시간 한정 혜택부터 알아보자. 코카콜라 일본 지사에서는 더워질수록 가격이 높아지는 자판기를 계획했다. 온도라는 변수를 이용하여 실시간으로 가격이 변하는 신선한 아이디어였다. 역으로 생각하면 온도가 낮아지는 시간에는 코카콜라를 더 싸게 먹을 수 있는 프로모션이기도 했다. 날씨가 더울수록 코카콜라를 마시고자 하는 사람들의 욕구가 커지기에 일견 타당해 보이는 아이디어였다. 결과는 대실패였다. 아이디어를 실행하기도 전에 엄청난 반발을 사며 계획을 철회해야만 했다. 고객에게 '혜택'이 아니라 '상술'로 느껴졌기 때문이다.

스페인에서는 이와 정반대의 아이디어가 나왔다. 날씨가 더워질수록 코카콜라 가격이 떨어지는 프로모션이었다. 언뜻 보기에 고객에게는 이득이지만 회사에는 손해일 것만 같다. 가격 책정의 대가 헤르만 지몬의 계산에 따르면 그렇지 않다. 늘어나는 판매 수량까지 고려하면 총이익이 늘어나는 프로모션이다. 복잡한 수식은 제쳐 두고 직관적으로 설명해 볼까 한다. 겨울과 같은 추운 날씨에 코카콜라를 싸게 판다고 해서 먹지 않을 사람이 먹을 가능성은 낮다. 오히려 추운 날씨에 코카콜라를 마시고 싶은 사람은 가격이 높아지더라도 기어코 먹을 사람이다. 얼죽아는 말 그대로 얼어 죽어도 아이스를 고집하기 때문이다. 반대로 여름의 무더운 날씨에는 가격이 내려가면 하나만 마실 것을 두 개까지 구매할 수도 있다. 할인이 크다면 세 개까지 팔릴 수도 있다. 내가 한 잔을 더 마실 수도 있고 친구에게 한 잔을 더 줄 수도 있다. 총금액이 싸졌으니 말이다. 결과적으로 고객에게도 회사에게도 모두 이득인 프로모션이 되는 것이다.[xxxix]

국민 판다 '푸바오'가 중국으로 돌아가게 된 일도 한정된 시간에 의한 '긴급성'이 잘 드러난 경우다. 2024년 4월 3일에 푸바오가 중국으로 돌아간다는 안타까운 소식이 전해졌다. 다른 말로 우리나라에서 푸바오를 볼 수 있는 기간이 한정된 것이다. 의도치 않은 시간 한정 프로모션이 진행되었다. 이 때문에 2023년 5월부터 2024년 2월까지 푸바오가 살고 있는 에버랜드 입장객 수는 전년 같은 기간 대비 30%나 늘었다.[xl]

미국 서부에 위치한 옐로스톤 국립공원Yellowstone National Park도 비슷한 사례. 옐로스톤 국립공원을 보호하기 위해 미국 정부가 앞으로 딱 50년 동안만 일반인의 출입을 허용한다는 소문이 국내에 돌면서 한국 관광객이 늘기 시작했다. 지금 아니면 영원히 볼 수 없다는 긴급성이 작동한 것이다. 이후 충격적인 사실이 알려졌다. 어느 한국 여행사가 한국인 관광객을 유치하기 위해 만든 거짓 소문으로 드러난 것이다.[xli] 프로모션이 아닌 명백한 사기다. 지탄받아야 마땅한 일이다. 다만 시간을 한정하면 사람들이 즉각적으로 반응한다는 것을 잘 보여 주는 사례이기도 하다.

작은 가게도 시간 한정 프로모션을 효과적으로 활용할 수 있다. 많은 술집에서 진행하는 '해피 아워Happy Hour'가 대표적이다. 이른 저녁 시간대 주류 할인을 통해 손님이 적은 시간대를 효과적으로 대응하는 프로모션이다. 할인이 아니라 손님이 적은 시간대에만 주문할 수 있는 특별 메뉴를 만드는 것도 좋은 방법이다. 홍익대학교 인근의 라멘집 '하카타분코'는 밤 10시 이후에만 주문할 수 있는 스페셜 메뉴를 만들어서 심야에도 손님을 가게로 이끌고 있다. 이 밖에도 매일 선착순 ○○명에게만 한정 제공하는 메뉴를 만들

하카타분코 메뉴

인라멘 10.0
하카타분코 대표 메뉴
진하고 묵직한 육수의 돈코츠 라멘

청라멘 10.0
인라멘에서 기름기를 제거한
부드러운 육수의 돈코츠 라멘

사리 추가 1.0
사리는 면을 다 드신 후 주문해주세요
* 육수는 제공되지 않습니다

차슈 추가 3.0
차슈 추가는 라멘을 주문하실 때
같이 주문해주세요

아지타마고 (반숙 계란) 1.0
공깃밥 1.0

차슈 덮밥 7.0
하카타분코의 차슈와
특제소스가 어우러진 덮밥

미니 차슈 덮밥 4.0
공깃밥 크기의 미니 사이즈

차돌단면 13.0
- 밤 10시 이후 야간 메뉴 -
각종 채소와 차돌차돌을 강한 불로 볶아
불향 가득 화끈한 매운맛의 라멘
* 맵기 조절은 불가능합니다

음 료

아사히 생맥주
410ml 8.0
280ml 6.0

HAPPY HOUR
11:30 ~ 17:00
1,000 원 할인

음료수 2.0
코카콜라, 스프라이트

그림 2-24 밤 10시 이후에만 주문할 수 있는 시간 한정 메뉴를 구비한 '하카타분코'

어서 가게 앞에 손님이 줄을 서는 모습을 연출할 수도 있다. 한정 수량 메뉴를 통해 대세감을 형성하는 것이다.

공간은 어떨까? 대표적인 예가 특정 매장에서만 경험할 수 있는 상품과 서비스다. 글로벌 프랜차이즈 기업들이 이를 잘한다. 스타벅스는 나라마다 다른 디자인의 컵과 텀블러를 판매하는 것으로 유명하다. 스타벅스 마니아는 해외여행을 가면 기념품을 사기 위해 스타벅스를 들를 정도다. 심지어 스타벅스 시애틀 본점의 컵을 사기 위해 시애틀로 여행을 떠나는 사람도 있다. 강력한 공간 프로모션 효과다.

맥도날드는 나라마다 다른 메뉴를 선보인다. 기본 메뉴는 비슷하지만 나라마다 특색 있는 메뉴를 선보이는 것이다. 캐나다에는 랍스터를 활용한 맥랍스터, 인도에는 채식주의자를 위한 맥알루티키, 일본에는 돼지고기를 활용한 맥포크 등이 있다. 나라 안에서도 지역을 한정하기도 한다. 맥립이 대표적인 경우다. 맥도날드는 미국에서 돼지고기를 넣은 샌드위치인 '맥립'을 출시한 후에 많은 홍보를 했다. 대대적인 홍보에도 불구하고 고객 반응은 저조했고 맥립은 빠르게 메뉴에서 사라졌다. 10년 후, 맥립은 화려하게 부활했다. 어떻게 된 걸까? 공간 프로모션이 답이었다. 맥립을 몇몇 도시의 특정 매장에서만 한정해서 판매한 것이다. 이번에는 고객 반응이 뜨거웠다. 맥립을 취급하는 매장을 제보하는 웹사이트를 고객이 직접 만들 정도로 맥립 팬덤이 생긴 것이다.[xlii]

전 세계적인 브랜드가 아니더라도 공간 한정 프로모션은 가능하다. 소소한 것도 상관없다. 소비자가 혜택으로 여기고 반응을 한다면 말이다. 커피 프랜차이즈 빈브라더스의 커피 쿠폰이 대표적인 예이다. 커피 한 잔을 마실 때마다 도장을 찍어 주는 쿠폰은 없으면 이상할 정도로 거의 모든 카페가 진행하는 프로모션이다. 한 잔만 마실 고객을 열 잔을 마시는 단골로 만들고자 하는 브랜드의 의도와 열 잔째는 공짜이기에 열심히 동일 카페를 가는 소비자의 의도가 잘 맞아떨어지는 프로모션이다. 빈브라더스의 쿠폰은 한 곳이 달랐다. 바로 쿠폰 도장의 모양에 그 비밀이 있다. 커피를 만든 바리스타의 얼굴이 새겨진 쿠폰 도장이었다. 한 지점에서 커피를 마시다가 다른 지점에서 쿠폰을 보여 주면 해당 바리스타를 매개로 대화가 이어진다. '○○점에서 주로 드시나 보네요! 거기 괜찮죠?'와 같이 말이다. 매장별로 그리고 매장에서 일하는 바리스타별로 다른 쿠폰 도장은 소비자로 하여금 모으는 재미와 브랜드와 연결되는 거리를 만들어 낸다(지금은 다른 형태로 쿠폰 도장이 바뀐 듯하다).

브랜드 자체가 일종의 공간 한정 프로모션인 경우도 있다. 대전에 위치한 베이커리 전문점 '성심당'이 대표적인 예다. 대전 시민뿐만 아니라 우리나라 사람 대부분이 아는 전국구 브랜드임에도 불구하고 '성심당은 대전에서만 만날 수 있다'라는 원칙을 고수하고 있다. 대전에서만 먹을 수 있는 빵이라는 희소성을 놓치지 않는 것이다. 그 결과는? 2023년 기준 영업 이익 315억 원을 기록하며 대기업 프랜차이즈 빵집인 파리바게뜨를 운영하는 파리크라상(199억 원)과 뚜레쥬르를 운영하는 CJ푸드빌(214억 원)을 훌쩍 넘어섰다.[xliii]

사람 한정 프로모션은 어떨까? VIP 대상 프로모션이 대표적일 것이다. 이는 모든 브랜드가 반드시 고려해야 하는 프로모션이기도 하다. 소비자는 반복 구매를 하는 과정에서 특정 상품과 서비스에 대한 애착이 생기고 이를 통해 브랜드에 대한 소속감까지 느낄 수 있기 때문이다. 매출로 보더라도 신규 고객 대상 마케팅과 기존 고객 대상 마케팅의 효과는 비교가 되지 않는다. 압도적으로 후자가 높다. 기존 고객에게 다양한 방식으로 혜택을 주어 재구매를 유도하는 일은 선택이 아닌 의무이다.

미우라 타카시 회장의 모습을 구현한 마스코트

대부분의 브랜드는 특정 기간 내 구매 금액을 기준으로 VIP를 선정한다. 소비자는 몇 년 전에 VIP였어도 한동안 구매를 하지 않으면 VIP라는 지위를 쉽게 잃을 수 있다. 이러한 VIP 선정 방식도 차별화가 가능하다. 기간을 두지 않고 누적 금액만으로 VIP를 선정하는 것이다. 화장품 브랜드 시드물이 이러한 멤버십 제도를 운영하고 있다. 시드물은 이를 통해 골수팬을 잊지 않는다는 강력한 메시지를 고객에게 전하고 있는 것이다. 진정성 있는 브랜드의 이미지를 잘 보여 주는 VIP 제도다.

그렇다면 신규 고객에게는 어떠한 판촉을 할 수 있을까? 어떻게 사람을 한정해서 혜택을 주되 혜택받지 못하는 사람에게 부정적인 감정을 일으키지 않을 수 있을까? 호텔 테토라Hotel Tetora의 신박한 판촉에서 그 힌트를 얻을 수 있다.

　호텔의 회장인 미우라 타카시三浦孝司는 어느 날 '하수구에 낀 머리카락을 제거하는 일이 힘들다'라는 객실 청소 직원의 하소연을 듣고 아이디어를 떠올린다. 객실 청소 직원의 일을 다소 수월하게 만들어 주는 탈모인에게 할인 혜택을 주자는 아이디어였다. 프런트 직원의 판단하에 완전한 대머리 말고도, 숱이 없거나 의도적으로 삭발을 한 사람까지 모발 상태에 따라 차등을 두고 300~500엔의 할인을 해 주었다. 명분도 있고, 할인을 받지 못하는 사람에게 소외감도 주지 않고, 심지어 전 세계적으로 화제까지 불러일으킨 사람 한정 판촉이었다. 탈모인들을 우습게 보는 것 아니냐는 원성은 없었을까? 호텔의 회장도 대머리인지라 탈모인들에게 공격받을 일도 없었다. 그야말로 모자람이 없는 프로모션이었다.[xliv]

☐ '나다움을 뾰족하게 만들어 특정 고객의 특정 문제를 해결한다'라는 극단적 차별화를 이해했는가?

☐ 쪼개기: 소비자의 인식상 시장을 쪼갤 수 있을 만큼 쪼겠는가?
(지리적 변수, 인구 통계학적 변수, 심리 특성 변수, 행위적 변수)

☐ 택하기: 내가 1등을 할 수 있는 시장과 나의 1등 고객이 있는 시장의 교집합을 택했는가?

☐ 자리 잡기: 택한 시장 내 TOP 3와의 차별화를 생각했는가?
(청개구리 전법, 타임머신 전법, 홍길동 전법)

☐ 차별화를 고객이 만취한 상태에서도 이해할 수 있는 알람 메시지로 만들었는가?
(우리 브랜드는 유일하게 _____하는 _____ 브랜드다.)
(_____은 _____이 아닙니다. _____입니다.)

☐ 차별화를 제품, 가격, 유통, 판촉에 일관되게 적용했는가?
❶ 제품: 좋은 제품을 좋아 보이게 만든다.
❷ 가격: 가치의 측면에서 가격을 설정한다.
❸ 유통: 기존 유통을 탄탄히 하면서 고객 라이프 스타일을 고려한 신규 유통으로 확장 그리고 최종적으로 자사 몰을 구축한다.
❹ 판촉: 희소성과 긴급성을 일으키는 한정된 혜택을 제공한다(시간, 공간, 사람 한정).

PART 2

: 브랜딩 법칙 ZERO

Chapter 3

[E]ngage: 고객 참여

"내가 좋아하는 일에 당신도 함께하면
이 세상은 더욱 풍요로워질 것이다"

― 오바라 가즈히로

수동적 체험을 넘어
능동적 참여로

↗

대한민국 대표 브랜딩 전문가 홍성태 교수는 브랜딩을 잘하려면 브랜드가 말하고자 하는 바를 설명하는 콘셉트 잡기[concepting]와 그 콘셉트를 느끼게 해 주는 브랜드 체험[experiencing]을 잘하면 된다고 말했다.[i] 누구나 이해할 수 있는 쉽고 명쾌한 설명이라서 나도 브랜딩 강의나 모임에서 종종 그의 말을 인용하곤 한다.

홍성태 교수의 이론에 따르면 Z(극단적 차별화)에서 다루었던 내용이 콘셉트 잡기다. 극단적 차별화로 콘셉트를 잡는 것이다. 이를 고객에게 체험을 통해 잘 느끼게 해 주면 브랜딩을 잘하게 되는 것이다. 여기서 한 가지 문제가 있다. 작은 브랜드는 고객 체험을 이끌어내는 것 자체가 어렵다는 점이다.

어느 브랜딩 모임에서 한 분이 나에게 질문을 했다. "작은 브랜드는 고객이 체험조차 하지 않으려 하는데 어떻게 해야 하나요?"
말문이 막혔다. 물론 제대로 된 콘셉트를 잡지 못했을 수도 있고
제품이나 서비스가 부족해서일 수도 있다. 다만 여러 이유로 고객
이 작은 브랜드의 서비스를 잘 체험하려 하지 않는 것도 사실이었
다. 호기롭게 제품과 서비스를 론칭해도 찾아오는 이도 없고, 찾아
오게 할 뾰족한 수도 없다면 체험은 먼 나라 이야기였다. 돈도 시
간도 부족한 작은 브랜드의 고충이었다. 작은 브랜드만의 돌파구
가 필요해 보였다.

내가 찾은 답은 고객 참여였다. 같은 E로 시작하지만 Experience
(체험)가 아닌 Engage(참여)였다. 체험이 브랜드가 열심히 만든 완
성품을 '짜잔!'하고 보여 주고 경험하게 만드는 것이라면, 참여는
브랜드를 처음부터 함께 '뚝딱뚝딱' 만들어 나가는 경험을 선사하
는 것이다. 체험하는 것은 고객이고, 참여하는 것은 파트너. 파
트너를 '단골', '팬', '멤버', '크루' 등 무엇으로 불러도 좋다. 중요한
사실은 소비자에게 단순 체험보다 더 강렬한 경험은 참여라는 점
이다. 참여는 인류에게 오랫동안 생존과 결부된 행위였기 때문이
다. 이와 관련한 재미있는 실험이 있다.

일리야 판 비스트Ilja van Beest와 키플링 윌리엄스Kipling D. Williams는 컴
퓨터 게임을 활용한 간단한 실험을 진행했다. 게임의 규칙은 간단
하다. 세 명의 플레이어가 공을 주고받는다. 공을 갖고 있는 사람
은 나머지 두 명 중 한 명에게 공을 던져야 하는데 선택은 자유다.

공을 주고받는 데 많이 참여할수록 더 많은 돈을 받는다. 이 게임에 서는 공을 많이 주고받은 플레이어의 만족도가 높다. 당연한 결과 다. 재미있는 건 게임의 규칙을 바꾸었을 때 나타난다. 이번에는 모든 것은 동일하되 공을 주고받는 데 적게 참여할수록 더 많은 돈을 받는다. 실험 참여자 몰래 참여자에게 최대한 공이 가지 않도록 게 임을 설계했다. 이때 공을 적게 받은 참여자는 돈을 많이 받을 수 있기에 기분이 좋아야 함에도 불구하고 오히려 상처를 받았다. 돈 이라는 보상보다 '참여에서 배제'되었다는 사실이 더 크게 느껴졌기 때문이다.[ii]

집단에 참여하는 것은 인류에게 생존과 직결된 문제였다. 연약 한 인간이 거칠고 변화무쌍한 자연에서 홀로 살아남는 것은 지극 히 어려운 일이었기 때문이다. 집단에 참여하여 연대감을 형성하 고, 연대감을 바탕으로 협동하여 살아남은 것이 인류의 지혜이자 본능이었다. 작은 브랜드는 이 사실에 주목해야 한다. 혼자 브랜드 를 만든다고 생각하지 말고, 고객이 참여할 자리를 마련해 두고 함

Fig 1. Cyberball game screenshot.
doi:10.1371/journal.pone.0127002.g001

그림 3-1 일리야 판 비스트와 키플링 윌리엄스가 진행한 Cyberball game의 한 장면

께 만든다고 생각해야 한다. 이 또한 작은 브랜드가 큰 브랜드보다 잘할 수 있다. 이해관계자가 많은 큰 브랜드에는 고객과 함께할 수 있는 영역이 적기 때문이다. 참여는 크게 제품과 서비스를 완성하기 전인 'Pre', 고객이 제품과 서비스를 경험하는 'Ing' 그리고 제품과 서비스를 경험한 후인 'After'로 나누어서 생각해 볼 수 있다. 이제 순서대로 알아보자.

Pre 참여:
단체 사진 효과

↗

단체 사진을 찍었다. 당신은 누구의 얼굴부터 볼 것인가? 99%의 확률로 당신의 얼굴을 가장 먼저 확인할 것이다. 당신이 없는 사진이라면? 아는 사람을 찾아볼 것이다. 아는 사람이 없다면? 가장 튀는 사람을 볼 것이다.[1] 이는 소비자가 브랜드를 바라보는 눈과 비슷하다. 수많은 브랜드가 눈앞에 있으면 본인이 참여해서 같이 만든 브랜드가 가장 먼저 눈에 들어올 것이다. 그런 브랜드가 없다면 평소에 알던 브랜드를 먼저 보게 될 것이고, 그 또한 없다면 가장 튀는 브랜드를 볼 것이다. 다시 말해 고객이 참여한 브랜드는 인지

---

1   <Fame Matters More Than Beauty in Consumer Behavior(Innovation Report, 20080813)>
의 연구결과에 따르면 사람들은 굉장히 매력적인 일반인보다 평범한 유명인에게 더욱 뚜렷한 감성
적인 반응을 보이는 것으로 나타났다.

도 높은 브랜드, 차별화된 브랜드보다 고객 눈에 먼저 들어올 수 있다는 말이다. 나는 이를 '단체 사진 효과Group Photo Effect'라고 부른다.

《데일리 레코드The Daily Record》라는 미국의 지역 신문사는 이러한 '단체 사진 효과'를 제대로 이해하고 활용했다. 데일리 레코드를 만든 후버 애덤스Hoover Adams는 언론과의 인터뷰에서 세 가지 성공 비결을 '이름, 이름, 이름'이라고 말했다. 지역 중심의 기사를 싣기 위해 지역 주민의 이름을 싣는 것이 성공 비결이라고 말한 것이다. 지역 주민의 이름을 넣을 수만 있다면 마을 전체 주민의 전화번호도 실을 수 있다고까지 말했다.[iii] 단체 사진에서 자신의 얼굴을 찾아보듯 신문을 구독하여 본인의 이름을 찾아보는 지역 주민의 심리를 제대로 파악한 것이다.

제품과 서비스를 다 만들고 나서 고객에게 알리면 너무 늦다. 작은 브랜드일수록 큰 브랜드보다 훨씬 빨라야 한다. 100m 달리기의 출발선을 50m 이상은 앞당겨야 한다. 그래야 우사인 볼트Usain Bolt와도 경쟁해 볼 만하다. 이를 위해 제품과 서비스를 완성하기 전부터 고객을 참여시켜야 한다. 단체 사진에 최대한 많은 고객의 얼굴을 넣어야 한다.

독서 모임 트레바리에서 마케팅 · 브랜딩 모임을 2년 가까이 진행하고 있다. 이를 통해 꽤 많은 브랜드 대표님을 만났다. 그중에서 가장 기억에 남는 분은 내가 '인디계의 민희진'이라는 수식어를 붙여 드린 셀프 프로듀스의 이선율 대표님이다. 1년 넘게 모임을 함께했기에 이분이 백지부터 지금에 이르기까지 얼마나 많은 고민을 하고 노력을 했는지 그 누구보다 잘 안다고 자부한다.

이분의 철학은 뚜렷하다. '인디 뮤지션은 가난하다'라는 고정관념을 깨부수는 것이다. 이를 위해 마케팅·브랜딩 공부를 정말 열심히 했다. 그중에서 가장 인상적이었던 것은 그녀가 기획한 신인 밴드 무드^{mood}였다. 데뷔 3개월 만에 인스타그램 팔로워 2,000명 달성 그리고 데뷔 공연 전석 매진을 시켰다. 비법은? 맞다. 데뷔 전부터 고객을 참여시킨 것이다. 밴드의 성장 스토리를 지속적으로 SNS에 노출하면서 팬들의 반응을 이끌어 내고 또한 그들의 피드백을 아티스트와 노래에 소소하게 반영했다. 원숙한 프로가 아니라 아직 풋풋한 데뷔 전 뮤지션을 함께 키운다는 참여감을 부여하여 데뷔 싱글을 발표하기 전부터 팬덤을 만든 것이다. 이는 수많은 TV 프로그램을 통해 증명된 전략이기도 하다.

〈슈퍼스타K〉, 〈프로듀스101〉, 〈미스터트롯〉 등과 같은 프로그램에서 선보이는 노래는 매번 차트의 상단을 채우곤 한다. 왜 그럴까? 팬들에게 가수를 함께 만들었다는 느낌을 선사하기 때문이다. 소비자 참여를 이끌어 내어 아티스트에 대한 애정을 키우는 것이다. 〈프로듀스〉 시리즈가 이를 특히 잘했다. '국민 프로듀서'라는 키워드를 통해 팬들이 프로듀서임을 지속적으로 각인시킨 것이 핵심이었다. 팬들은 단순히 좋아하는 가수에 투표하는 것을 넘어 열성적인 홍보자가 되었다. 더 나아가 기존 영상을 재편집하고 멤버를 재구성하여 새로운 스토리 라인을 만들기도 했다. 그야말로 프로듀서의 행보를 보인 것이다. 〈프로듀스〉 시리즈는 투표 조작이라는 불미스러운 사건만 아니었더라면 지속적으로 성공할 수 있는 참여형 모델이었다.[iv]

무형의 콘텐츠뿐만 아니라 유형의 상품도 이를 적용할 수 있다. 의류 제조업체 베타브랜드[Betabrand]가 대표적인 예이다. 이 회사는 세 단계에 거쳐 고객 참여를 이끌어 낸다. 먼저 디자이너들로부터 공개적으로 신제품 제안을 받는다. 고객 중에서도 소수의 전문가 집단의 참여를 유도하는 것이다. 제안받은 디자인 중에서 후보를 추려내어 대중에게 투표를 받는다. 다수의 참여를 이끌어 내는 것이다. 가장 많은 투표를 받은 상품은 예약 주문을 받는다. 지불 의사가 있는 최종 소비자의 참여를 마지막으로 이끌어 내는 것이다. 주문량이 충분하면 비로소 생산에 들어간다. 첫해 매출의 10%는 해당 옷을 제안한 디자이너에게 돌아가기에 지속적으로 많은 디자이너의 참여를 이끌어 낼 수 있었다.[v]

우리나라에도 비슷한 브랜드가 있다. 창업 3년 만에 100억 원의 매출을 기록한 운동기구 브랜드 더스크랙[Dusk Rack]이 그 주인공이다. 더스크랙은 네이버 카페에서 소비자들과 6개월간 소통하며 첫 제품인 미니랙을 만들었다. 첫 제품부터 성공이었다. 객단가 57만 원에 달하는 고가의 제품을 2,500개나 판매한 것이다. 소비자의 피드백을 받아 더 나은 제품을 만들었다는 점도 성공의 비결이겠

지만 핵심은 '참여'였다. '내가 같이 만들었다'라는 참여감을 주었기에 소비자는 주목했고 구매했다.[vi]

레고가 위기를 극복할 수 있었던 것도 고객 참여 덕분이었다. 2000년대 초반 파산 위기에 처했던 레고는 고객의 의견을 적극 반영하기 위해 레고 아이디어LEGO Ideas라는 온라인 플랫폼을 만들었다. 이를 통해 고객의 아이디어와 피드백 그리고 수요까지 파악한 신제품을 지속적으로 출시했고 위기를 극복할 수 있었다.[vii]

많은 브랜드가 상품과 서비스 기획 단계에서 진행하는 고객 조사도 설계에 따라 고객 참여의 장으로 만들 수 있다. 이때 한 가지 주의할 점이 있다. 고객 조사의 목적은 답을 찾는 것이 아니라는 점이다. '자신이 무엇을 원하는지 알아내는 것은 고객이 할 일이 아니다'라는 스티브 잡스의 말처럼 말이다. 그렇다면 고객 조사의 진짜 목적은 무엇일까? 고객의 문제를 찾는 것이다. 정확히는 고객이 문제라고 말하는 것 이면에 숨어 있는 진짜 문제를 찾는 것이 목적이다. 최근에 방문한 고깃집에서 이를 다시금 깨닫게 되었다.

을지로에 위치한 한 고깃집에서 지인이 가지고 온 술을 함께 마시고 있었다. 고기를 구워 주시는 스태프분이 우리가 마시는 술병을 신기한 눈으로 쳐다보더니 무엇이냐고 물었다. 내가 어떤 술인지 설명하려고 할 때 지인이 말했다. "한잔하시겠어요?" 스태프분은 환히 웃으면서 좋다고 말했다. 내가 상대의 표면적인 말에 대한 답을 찾을 때 지인은 그 밑에 숨어 있는 상대의 진짜 니즈Needs를 본

것이다. 사업가의 통찰력을 눈앞에서 생생하게 본 순간이었다. 고객 조사의 목적은 바로 여기에 있다. 고객의 표면적인 말 밑에 숨어 있는 진짜 문제와 진짜 니즈를 파악하는 것이다. 그들의 문제를 해결하고 니즈를 충족시킬 수 있는 상품과 서비스를 만들었다면 응당 고객 조사 참여자에게 알려야 한다. 이때 비로소 고객 조사는 고객 참여가 될 수 있다. 고객의 의견을 상품과 서비스에 반영했다는 것을 알림으로써 참여감을 부여하는 것이다. 영화가 끝나면 나오는 크레딧처럼 고객 조사에 참여한 분들의 이름을 상세 페이지에까지 적는다면 참여감을 더 끌어올릴 수도 있다(《작은 기업을 위한 브랜딩 법칙 ZERO》 초고에 피드백을 준 분들의 이름도 252페이지에 적혀 있다).

여건이 된다면 조금 더 적극적인 고객 조사를 해 볼 수 있다. 최소한의 기능만을 담은 시제품을 고객이 어떻게 사용하고 느끼는지를 직접 살펴보는 것이다. 즉 잠재 고객의 '말'이 아닌 '행동'을 보는 방법이다. 고객은 생산자가 의도한 대로만 제품과 서비스를 사용하지 않는다. 이를 관심 있게 지켜보아야만 새로운 기회가 보인다. 방향제의 대명사로 불리는 페브리즈도 이를 통해 초반 실패의 굴레에서 헤어 나올 수 있었다.

페브리즈의 초기 광고는 '냄새를 없애 주는 기능'에 초점을 맞추었다. 담배 냄새나 강아지 냄새 등을 페브리즈로 깔끔하게 없앨 수 있다는 점을 부각한 것이다. 엄청난 비용을 들여 TV 광고를 했지만 소비자의 반응은 차가웠다. 매출은 점점 줄어들었고 방법을 찾아야 했다. 실제 고객의 가정을 방문해서 페브리즈를 어떻게 쓰고 있는지 살펴보았다. 예상과는 전혀 달랐다. 특별한 냄새 때문에 사용하는 것이 아니라 청소를 마치고 마무리용으로 뿌리고 있었던 것이었다. 이러한 고객 행동을 반영해 청소의 마지막 순간에 뿌리는 페브리즈로 콘셉트를 바꾸었다. 그리고 지금의 성공을 거둘 수 있었다.[viii]

비디오 게임의 대명사로 불리는 닌텐도도 마찬가지다. 〈슈퍼 마리오 브라더스〉, 〈젤다의 전설〉과 같은 기념비적인 게임을 만든 닌텐도의 대표이사 미야모토 시게루宮本茂는 특별한 습관이 있다. 고객 반응이 저조한 게임이 있을 때 회사 내에서 그 게임을 접한 적 없는 사람에게 시켜 보는 것이다. 아무 설명도 없이 컨트롤러만 쥐여 주면서 말이다. 이때 어깨 너머로 지켜보면서 고객이 게임을 어떻게 하는지, 어떤 반응을 보일지를 상상한다. 이를 게임에 적극 반영하고 개선하여 다양한 게임을 성공시켰다.[ix]

페브리즈와 닌텐도는 이미 출시한 제품에 대한 고객 반응을 보았지만, 제품 출시 전에도 최소한의 기능만 담은 제품과 서비스로도 충분히 고객 반응을 확인할 수 있다. 이를 최소 기능 제품Minimum Viable Product: MVP이라 부른다. 고객이 어떠한 제품인지 이해할 수 있고 사용 가능한 정도의 완성도라면 즉각 제공하고 반응을 살펴보면서 출시 전에 제품을 개선할 수 있다.

Pre 참여 단계에서 주의할 점이 있다. 바로 '답정너'처럼 보이면 안 된다는 점이다. 답을 정해 놓고 고객의 참여를 이끌어 내는 척만 하면 안 된다. 아직도 회자가 되는 첵스가 이러한 실수를 한 대표적인 사례다.

2004년 12월, 농심 켈로그에서는 고객 참여 이벤트를 열었다. 밀크초콜릿 맛의 체키와 파 맛의 차카 중 고객이 더 많이 투표하는 제품을 생산하겠다고 알린 것이다. 이벤트의 문제점이 있었다. 농심 켈로그는 대놓고 첫 번째 후보인 체키를 밀고 있었다. 포스터에서 체키가 더 앞에 나와 있고 선한 캐릭터처럼 그려진 것은 물론이고, 대중의 입맛을 고려했을 때 '파 맛'보다 '밀크초콜릿 맛'이 우세할 것이 뻔했기 때문이다. 이러한 답정너 스타일의 이벤트가 마음에 들지 않았던 네티즌들은 파 맛의 차카에게 집중적으로 투표하

[켈로그]
첵스 파맛
미안 미안해
편 (71s)

그림 3-2 농심 켈로그의 첵스 신제품 이벤트 포스터

기 시작했다. 농심 켈로그는 의도와 전혀 다르게 파 맛을 출시해야만 하는 상황에 몰렸다. 농심 켈로그는 다급한 마음에 보안 업체를 동원해 차카가 얻은 투표수 중 무효표로 보이는 투표를 모두 배제시켰고 ARS 전화 투표와 롯데월드 현장 투표까지 동원하여 밀크초콜릿 맛의 '체키'의 승리를 가까스로 만들어 냈다. 당연히 고객들의 불만은 이만저만이 아니었다. 이 문제는 16년 후인 2020년에 농심 켈로그가 실제로 첵스 파 맛을 출시하고 '미안 미안해'라는 메시지의 광고를 만들면서 뒤늦게 해결이 되었다.

고객 참여가 이처럼 하나의 시늉이면 결과는 좋지 못할 수밖에 없다. 진짜여야 한다. 소소할지라도 고객의 의견을 경청하고 가능한 선에서 제품과 서비스에 최대한 반영하는 진정성을 보여 주어야만 기대하는 고객 참여의 효과를 얻을 수 있다. 제품과 서비스를 함께 만들었다는 보람을 느끼게 하고 연대감을 이루어야만 출시 이후에도 고객은 여전히 관심을 갖게 된다. 고객과 함께 단체 사진을 찍는 것이다. 이것이 Pre 참여 단계에서 이루어야 할 핵심 과제다.

Ing 참여:
불편함의 미학

↗

10여 년 전에 크게 관심이 있는 것도 아니었지만 싫어하지도 않았던 가수의 콘서트를 간 적이 있다. 나에게 호불호의 그 어느 쪽에도 치우치지 않았던 가수였다. '그의 콘서트를 한 번도 안 간 사람은 있지만, 한 번만 간 사람은 없다'라는 엄청난 후기를 여러 번 접했기에 경험 삼아 가 보았다. 공연은 길고도 길었다. 하지만 길게 느껴지지 않았다. 나도 그의 팬이 된 것이다. 가수의 이름은 싸이였다(정확하게 말하면 그 공연은 김장훈과 싸이의 합동 공연이었다).

공연장에서 들은 그의 음악은 이어폰으로 들은 음악과는 전혀 달랐다. 거대한 스피커에서 뿜어져 나오는 강렬한 사운드, 화려한 조명과 다양한 효과도 한몫했지만, 관객이 함께 참여해서 공연을 만든다는 일체감이 가장 큰 차이점이었다. 싸이가 "모두의"를 부르면 관객은 "축제"를 외쳤고, 다시 그가 "서로 편 가르지 않는 것이"를 외치면 관객은 "숙제"로 답했다. 거의 모든 노래가 그랬다. 싸이가 혼자서 부르는 것이 아니라 관객과 함께 불렀다. 이뿐만이 아니었다. 사람들은 그의 요청에 따라 백업 댄서처럼 춤도 추고 뛰기도 하고, 화음을 넣기도 했다. 가수와 관객이라는 이분법은 사라지고 하나의 그룹이라는 일체감이 생겼다. 싸이의 콘서트가 늘 성공하는 이유는 바로 이 지점에 있다고 생각한다. '경험의 순간을 고객 참여 극대화의 순간으로 만든다!' 이 점이 그를 콘서트의 신으로 만들었다고 생각한다.

소비자(사람들)는 언제나 참여하고 싶어 한다. 단순 소비자로 남아 있고 싶어 하지 않는다. 대중가요를 듣다가도 가사의 빈자리에 '으쌰라으쌰'를 집어넣기도 하고, 팬들은 아이돌의 노래 중간중간에 '사랑해요 ○○○'을 집어넣기도 한다. 단순 소비의 경험보다 참여의 경험이 더 큰 만족감을 선사하기 때문이다. 콘서트뿐만이 아니다. 생산자가 소비자와 함께 있지 못하는 상황에서도 참여를 이끌어 낼 방법은 많다. 이스터에그Easter Egg를 활용하는 것이 대표적이다.

이스터 에그는 영화, 책, 비디오 게임 등과 같은 콘텐츠에 숨겨진 메시지를 의미한다. 숨은그림찾기와 비슷한 숨은 의미 찾기 게임을 유도하는 것이다. 한 번 보면 잘 모르지만, 여러 번 주의 깊게 보다 보면 제작자의 숨은 의도를 파악할 수 있게 된다. 한 번 경험하고 끝낼 콘텐츠를 여러 번 경험하게 만드는 장치다. 알아채면 과몰입할 수 있게 만드는 미끼와도 같다. 소비자는 수동적으로 콘텐츠를 받아들이는 것이 아니라 능동적으로 콘텐츠에 참여하게 된다. 미국의 최장수 애니메이션 프로그램 〈심슨 가족The Simpsons〉이 이를 잘 활용하고 있는 것으로 유명하다.

우리나라에서도 이스터에그를 적극적으로 활용하는 사람이 있다. 기상천외한 광고를 제작하는 것으로 유명한 돌고래유괴단의 신우석 대표다. 그는 한 인터뷰에서 뉴진스의 〈ETA〉 뮤직비디오

<웬만한 심슨 팬 아니면 알기 어려운 심슨 속에 숨겨진 비밀 TOP10>

그림 3-3 〈심슨 가족〉에 숨어 있는 수학과 관련된 이스터에그를 다룬 책

에 이스터에그를 숨겨 놓았다고 밝혔다. 대중에게 뮤직비디오를 단순히 관람하지 말고 이스터 에그 찾기에 적극적으로 참여하라는 메시지를 던진 것이다. 이를 통해 사람들은 별생각 없이 한 번 보고 말 뮤직비디오를 집중해서 두 번 그리고 세 번 보게 된다. 나아가 〈ETA〉 뮤직비디오를 해석하는 콘텐츠까지 나오게 된다.

무형의 콘텐츠뿐만 아니라 유형의 상품과 서비스도 고객 참여를 적극적으로 이끌어 낼 수 있다. 사람들은 본인의 노력이 반영된 제품에 더 높은 가치를 부여한다는 이케아 효과IKEA Effect가 이를 잘 보여 준다. 이케아 가구는 고객이 구매 후에 직접 조립해야 하는데 이 과정에서 제품에 더 높은 가치를 부여하게 된다. 제품을 직접 조립하는 데 드는 노력과 시간의 매몰 비용, 완성되었을 때의 성취감, 그리고 내가 만들었다는 애착이 고루 작용하는 것이다. 언뜻 보면 고객을 불편하게 만드는 것 같지만 고객의 만족도는 더욱 높아지는 것이다. 이처럼 제품과 서비스를 고객이 수동적으로 받아들이게 하기보다는 능동적으로 참여하게 만들 필요가 있다. 이는 대부분의 카테고리에 적용된다. 최근에 방문했던 카페 프로토콜도 이를 잘 활용하고 있었다.

우리나라만큼 카페가 많고 고도로 발달된 나라는 전 세계에서 찾아보기 힘들다. 우리나라의 우수 인재는 모두 카페를 하는 것 같은 착각이 들 정도다. 그만큼이나 경쟁도 치열하고 실시간으로 발전하는 업계다. 요새 웬만한 카페에서는 커피를 주문하면 어떤 원두로 만들었는지를 자세히 설명하는 종이 카드를 같이 제공한다. 무엇이든 알고 먹으면 더 맛있게 느껴지기에 많은 식음료F&B업계 에서 활용하고 있는 방식이다. 경험의 깊이를 만들어 내는 방식이 라고 볼 수 있다. 하지만 이 과정에서도 고객은 여전히 수동적이며 참여하지 못하는 존재다. 이를 고객 참여의 수준까지 높인 것이 카 페 프로토콜이다. 다른 카페와는 다르게 고객에게 본인이 마시는 커피를 본인만의 언어로 표현해 달라고 요청한다. 커피 원두에 대 한 설명도 손 글씨로 적혀 있어서 고객 참여를 인간적으로 이끌어 내고 있다. 자리마다 연필이 준비되어 있어서인지 많은 사람이 커

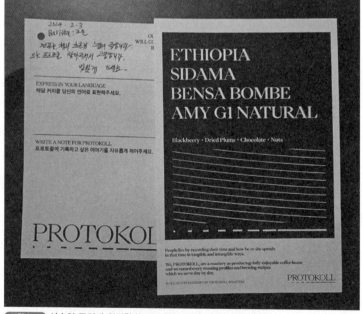

그림 3-4 상수역 근처에 위치한 '프로토콜 쇼룸'의 커피 원두 설명서

피에 대한 본인만의 감상을 적고 있었다. 단순한 아이디어 하나로 수동적인 경험을 능동적인 참여의 레벨로 높인 것이다.

독서 모임을 비롯한 다양한 소셜 모임에서도 이를 적극적으로 활용하고 있다. 독서 모임 트레바리에서는 수십만 원의 참가비를 지불하더라도 해당 회차의 책에 대한 독후감을 쓰지 않으면 참여가 불가능하다. 돈을 지불했는데도 이용할 수 없는 것이다. 참여자의 원성을 살 것 같지만 그 반대다. 대부분의 참여자는 마감 기한까지 열심히 독후감을 작성한다. 이 과정에서 책을 읽고 나만의 언어로 정리했다는 성취감을 느낀다. 또한 이러한 참여 시스템 때문인지 몰라도 독서에 진심인 분들만 모여 좋다는 의견이 대다수다. 모두의 만족도가 높아지는 것이다.

인플루언서 디너의 운영자 존 리비Jon Levi의 성공 비법도 이와 비슷하다. 호스트가 음식을 준비하고 참여자가 맛있게 음식을 먹으며 대화를 나누는 것이 일반적인 디너 모임의 특징이다. 그는 정반대로 접근했다. 모든 참여자가 함께 음식을 준비해야만 하는 상황을 의도적으로 만들었다. 참여자 중 그 어떤 사람도 불만을 표시하지 않았다. 참여자 모두 함께 음식을 준비했고 그 과정에서 서로 간의 신뢰가 쌓였다. 완성된 식사를 보며 다 함께 성취감을 느끼기도 했다. 참여를 이끌어 내어 만족도를 높인 것이다.[x]

지금까지 본 사례들은 모두 언뜻 보면 고객을 불편하게 만드는 것 같지만, 고객의 만족도는 오히려 높아진다. 이를 '불편익Benefit of inconvenience'이라 부른다. 말 그대로 불편이 가져다주는 이익이나 가치를 의미한다.[2xi] 텐트를 직접 칠 필요도 없고, 음식과 조리 기구 등이 깔끔하게 준비된 '글램핑'이 있음에도 많은 사람들이 불편한 캠핑을 고집하는 이유, 완성된 퍼즐을 구입하기보다는 조각난 퍼즐을 구매하여 많은 시간을 들여 완성하는 이유에는 모두 불편이 주는 가치가 있기 때문이다. 이 기분 좋은 불편은 모두 적극적인 참여가 만들어 낸다.

의도치 않게 고객의 참여를 이끌어 내어 화제가 된 꽃집도 있다. 성수동에 위치한 비틀즈뱅크다. 꽃집이라고 하면 무엇이 떠오르는가? 조용한 분위기에 꽃이 가득한 차분한 매장의 모습이 떠오를 것이다. 비틀즈뱅크는 전혀 다르다. 고객은 들어오자마자 춤을 추고 꽃집 사장은 춤으로 화답한다. 고객과 사장이 꽃밭(?)에서 춤을 추는 특이한 영상이 지속적으로 올라오자 사람들은 반응하기 시작했다. 특별한 날에만 가야 할 것 같은 꽃집을 사람들이 일상적으로 방문하기 시작했다. 꽃을 살 일이 없음에도 불구하고 방문하고 싶은 꽃집이 탄생한 것이다. 친구들과의 장난으로 시작된 행동이 하나의 고객 참여 챌린지가 되었다. 단순 구매를 기억에 남는 참여의 경험으로 만들었다.

연예인도 춤 춰야 꽃을 살 수 있는 성수동 핫플 [한국인의 밥상머리 EP.3] 전태풍

---

2   교토 첨단과학대학의 가와카미 히로시 교수가 처음 제안한 단어다.

지금까지 말한 고객 참여를 접목하기 힘든 카테고리도 있을 것이다. 그렇다면 구매라는 행위 자체를 하나의 회사 참여 행위로 만드는 것을 고려해 볼 수도 있다. R.E.I. Co-op(이하 REI)은 이를 극한까지 밀어붙인 사례다. REI는 미국의 아웃도어 리테일러 브랜드다. 캠핑, 등산, 하이킹 등 다양한 아웃도어 활동을 위한 의류 및 장비 등을 오프라인 매장에서 판매한다. 특별할 것 없어 보이는 이 브랜드의 특이점은 바로 평생회원 제도에 있다. 20달러만 내면 REI 협동 조합의 평생회원이 될 수 있는데 REI 매장에서 쓴 금액의 10%나 배당금으로 돌려받을 수 있다. 이뿐만이 아니다. REI 이사회 회원 선출 과정에서 투표권도 얻고 직접 이사회 회원 후보로 나설 수도 있다. 고객은 더 이상 고객이 아니라 회사의 일원이 된다. 고객 참여의 끝판왕이라고 할 수 있다.[xii]

광고인 제프 굿비Jeff Goodby는 '브랜드는 놀이공원이다. 상품은 놀다가 사가는 기념품이다'라고 말했다. 나는 이 말이 '브랜드는 놀이공원이다. 상품은 참여를 이끌어 내는 마법 아이템이다'라고 바뀌어야 한다고 생각한다. 실제로 놀이공원도 바뀌고 있다. 퇴장할 때 기념품을 사는 것이 아니라 입장할 때 마법 아이템을 산다. 유니버설 스튜디오 재팬USJ: Universal Studios Japan에서는 해리포터의 마법 지팡이를 구매하면 이를 활용하여 놀이공원 내에서 다양한 마법을 구사할 수 있다. 닫힌 문을 열고, 굴뚝에서 불을 솟게 만들고, 맑은 날에도 눈이 내리게 만들 수 있다. 그야말로 마법 아이템이다.

단순 고객 경험은 기억Memory을 남기지만, 고객 참여는 마법Magic을 만든다. 경험의 순간을 마법 같은 순간으로 만들어 준다. Ing 참여 단계는 불편함의 미학을 만들어 내는 것이 핵심이다.

After 참여:
고객의 메신저화

칼바람이 불던 1월, 성수동에 위치한 빙수 가게 '기댈빙'에서 대표님과 브랜딩과 마케팅에 대한 이야기를 나누게 되었다. 가게를 오픈한 지 1년이 채 안 된지라 대표님은 많은 것이 고민이었고, 많은 것에 대한 해답을 찾는 중이었다. 사전 지식 없이 미팅을 진행해서 일단 많은 이야기를 들어 보았다. 들으면 들을수록 큰 가능성이 보였다. 술안주에 최적화된 시그니처 빙수가 차별화 포인트였고, 오픈하자마자 열성팬이 있는 것도 좋은 신호였다.

대표님의 이야기를 다 듣고 나서 먼저 브랜딩과 마케팅의 기본에 대해 설명해 드렸다. 그리고 바로 적용할 수 있는 아이디어도 두 가지를 전해드렸다. 모두 기존 고객의 참여를 이끌어 내는 아이디어였다. '앰배서더'와 '시음회'가 바로 그것이었다. 브랜드명인

그림 3-5 성수동에 위치한 빙수 가게 '기댈빙' 사진

'기댈빙'과 '빙수'를 강조하기 위해 명칭은 '빙배서더'와 '빙음회'로 제안했다.

빙배서더는 기존 고객 중 '얼어 죽어도 아이스(얼죽아)'를 대표하는 사람들이다. 이들과 함께 '얼죽아'와 관련된 이벤트를 매장 내 혹은 매장 밖에서 자유롭게 진행하며 브랜드를 많은 사람에게 알리면 좋을 것 같았다. 빙음회는 신메뉴가 출시되기 전에 단골 고객을 매장으로 초청해서 신메뉴는 물론이고 어울리는 술을 함께 마시며 즐기는 이벤트다. 추후에 한 가지 아이디어를 더 드렸다. 바로 시크릿 메뉴다. 메뉴판에는 없지만 단골들만 아는 메뉴를 시즌 별로 만들어서 자연스럽게 입소문을 유발하는 것이다. 이 모든 방법은 고객의 참여를 잘 이끌어 내고 있는 브랜드들의 비법이기도 하다.

먼저 앰배서더를 가장 잘 활용하는 브랜드로 룰루레몬이 있다. 요가복계의 에르메스라 불리는 룰루레몬은 '땀 흘리는 삶The Sweat Life'을 추구한다. 이러한 삶을 대표하고 더 많은 사람의 참여를 이끌어 내는 것이 룰루레몬 앰배서더의 역할이다. 이들의 직업은 각양각색이다. 전문 운동선수와 요가 강사는 물론이고 유튜버, 기업가까지 다양하다. 룰루레몬 앰배서더는 지역 주민들과 함께 매장 내에서 요가나 명상을 하면서 끈끈한 취미 커뮤니티를 형성한다. 요가나 명상과 같은 활동을 할 때 대부분 리더가 착용하는 의류나 용품을 참고하기에 이러한 행사를 할 때마다 룰루레몬의 매출은 자연스레 늘어난다.[xiii]

앰배서더를 잘 활용하는 또 다른 브랜드로 아웃도어형 아이스박스를 전문으로 하는 예티YETI가 있다. 보통 아웃도어형 하드 케이스 아이스박스는 개당 5만 원 이하의 가격이다. 예티는 이보다 적게는 10배 많게는 20배나 비싼 것이 특징이다. 툰드라 등의 일부 모델은 무려 150만 원이 넘는다. 아이스박스계의 롤스로이스라 불릴 만한 가격대를 자랑한다. 좋은 품질만을 강조해서는 쉽사리 팔 수 없는 가격대다. 심지어 역사와 전통을 자랑하는 브랜드도 아니었다. 그렇다면 예티의 성공 비결은 무엇이었을까?

앞서 언급한 대로 '앰배서더'를 잘 활용하였기 때문이다. 제품 출시 전부터 영향력 있는 아웃도어 가이드와 어부들을 '예티 앰배서더'로 선정하고 이들에 집중하는 마케팅 활동을 했다. 이후에 스노

보드, 캠핑, 산악자전거 등 다양한 아웃도어 분야로 앰배서더를 확장하고, 이들을 통한 바이럴을 성공적으로 이끌어 냈다. 모두 그들의 기존 고객은 아니었지만, 카테고리의 기존 고객의 참여를 잘 이끌어 냈다. [xiv]

<Angler-Tested I YETI Hopper Flip Soft Cooler>

최근 가요계에서 유행하는 이벤트 중 하나가 청음회다. 새 앨범 발매 하루나 이틀 전에 기존 팬이나 동료 아티스트에게만 전곡 혹은 일부를 들려주는 행사다. BTS의 제이홉이 첫 정규 앨범 〈Jack in the Box〉 청음회를 열었을 때 수많은 동료 가수가 참여해서 화제가 되기도 했다. 가수들이 이처럼 앞다투어 청음회를 여는 이유는 무얼까? 단순하게 말하자면 입소문을 내기 위해서다. 이벤트 자체가 기사가 되는 것은 물론이고, 소수만을 위한 행사에 초대되었다는 뿌듯함을 선사하여 참여자로 하여금 자발적으로 앨범을 홍보하게 만든다. 입소문이 날 수밖에 없는 구조의 이벤트인 것이다. 작은 브랜드도 충분히 이를 모방할 수 있다. 새로운 상품이나 서비스를 공개하기 전에 기존 고객에게 먼저 공개하는 것이다. 그들에게 선택받았다는 뿌듯함을 제공함과 동시에 명확한 이야깃거리를 제공한다면 입소문은 생각보다 광범위하게 퍼질 것이다.

마지막으로 시크릿 메뉴. 용어가 낯설 수 있으나 단골 술집이 있는 분들은 한 번쯤은 경험해 보았을 것이다. 메뉴에는 적혀 있지 않지만 단골이기에 사장님에게 요청할 수 있는 메뉴가 바로 시

그림 3-6 더치브로스의 시크릿 메뉴 중 일부

168 · 169

크릿 메뉴다. 시크릿 메뉴를 시킬 때의 뿌듯함이 있다. 남들은 모르는 나만 아는 메뉴를 시킨다는 뿌듯함 말이다. 그뿐만이 아니라 '비밀'이라고 하면 오히려 다른 사람에게 알려 주고 싶은 청개구리 심리까지 자극한다. 시크릿 메뉴는 작은 술집이나 식당에만 있던 문화였는데, 요새 많은 브랜드가 이를 적극적으로 활용하고 나서기 시작했다. 스타벅스의 새로운 라이벌로 떠오르고 있는 카페 브랜드 '더치브로스Dutch Bros'가 대표적이다.

더치브로스는 시크릿 메뉴를 개발할 때마다 자사의 SNS에 슬쩍 공개를 한다. 굳이 메뉴판에 적지 않는 메뉴를 이렇게 SNS에만 공개하는 이유는 무엇일까? 입소문을 내기 위해서다. '다른 사람에게 말하지 마'라고 말하는 것만큼 입소문을 일으키는 강력한 말이 없지 않은가? '관계자 외 출입 금지'만큼 들어가고 싶게 만드는 문구가 없는 것처럼 말이다. 이러한 인간의 심리를 적극 활용하는 것이다. 더치브로스의 골수팬들은 시크릿 메뉴를 발견하자마자 주위에 알리면서 본인의 '덕후력'을 뽐내고, 이를 접한 다수의 고객은 메뉴에 적혀 있지 않은 메뉴를 주문하는 '인싸력'을 뽐내게 된다. 다양한 매체에서도 더치브로스의 시크릿 메뉴를 자발적으로 다루고 홍보한다. 더치브로스는 시크릿 메뉴로 공짜 광고를 하는 셈이다.

작은 브랜드도 시크릿 메뉴를 만들 수 있다. 우리 브랜드를 가장 좋아하는 기존 고객만이 알 수 있는 비대칭적인 정보를 제공하는 것이다. 카톡 메시지로 단골만 주문할 수 있는 메뉴를 소개하는 것도 방법이다. 이를 통해 고객이 자발적으로 타인에게 알릴 수 있는 참여의 기회를 줌과 동시에 브랜드의 일원이라는 소속감도 줄 수 있다. 이는 메뉴에 국한되지 않는다. 단골만이 알 수 있는 정보를 꾸준히 만드는 것도 방법이다. 염리동에 위치한 아이스크림 전문점 '녹기 전에'가 이를 잘하는 브랜드다.

아이스크림 가게 '녹기 전에'의 박정수 대표는 '좋은 기분'에 집중한다. 고객은 물론이고 직원 또한 좋은 기분을 느낄 수 있도록 만드는 데 최선을 다한다. 이를 위해 160페이지에 달하는 접객 가이드를 만들기도 했고, 다양한 고객 참여 이벤트를 수시로 진행하고 있다. 이러한 사실은 녹기 전에의 단골만이 아는 '비밀 정보'이자 '고급 정보'이다. 매장에 방문하면 이러한 고급 정보를 같이 온 친구에게 열정적으로 설명하는 단골의 모습을 흔하게 볼 수 있다고 한다. 시크릿 메뉴와 마찬가지로 단골만 알 수 있는 정보가 축적되면서 입소문이 자연스럽게 일어나는 것이다.[xv]

고객은 생각보다 많이 참여하고 싶어 한다. 좋아하는 브랜드의 일이라면 더더욱 말이다. 브랜드를 알리는 메신저가 되고 싶어 한다는 말이다. 그럼에도 많은 브랜드가 이를 눈치채지 못하고 그러한 기회를 제공하지 못한다. 작은 브랜드라면 이를 놓치지 말아야 한다. 고객이 우리 브랜드(의 상품과 서비스)를 잘 알리게 하기 위해서는 어떻게 해야 할까? 참여를 이끌어 냄과 동시에 입소문이 잘 나는 이야기를 제공해야 한다. 조나 버거Jonah Berger의 《컨테이저스

전략적 입소문》에 나온 입소문이 잘 나는 이야기의 여섯 가지 특징을 고려해 보면 큰 도움이 된다.[xvi]

1) 사람들은 타인에게 좋은 인상을 남기는 이야기를 공유한다
2) 사람들은 머릿속에 쉽게 떠오르는 것을 공유한다
3) 사람들은 마음을 움직이는 감성적 주제를 공유한다
4) 사람들은 눈에 잘 띄는 것을 모방하고 공유한다
5) 사람들은 타인에게 도움이 될 만한 유용한 정보를 공유한다
6) 사람들은 흡입력 강하고 흥미진진한 이야기를 공유한다

지금까지 알아본 내용은 기존 고객을 '적극적인 메신저'로 만드는 방식이다. 기존 고객 중 일부만이 참여할 수 있는 방법이라고도 할 수 있다. 이와는 다르게 모든 고객을 대상으로 할 수 있는 '소극적인 메신저' 전략도 생각해 볼 수 있다. 크게 두 가지가 있다. '고객 후기'와 '쇼핑백'이다.

먼저 '고객 후기'다. 소비자는 생산자의 말을 잘 믿지 않는다. 오히려 같은 소비자의 말을 믿는다. 세계적인 전략 컨설팅 기업 맥킨지앤드컴퍼니McKinsey&Company의 보고서에 따르면 소비자가 제품과 서비스를 평가할 때 회사의 직접적 마케팅에 영향을 받는 비율은 1/3뿐이다. 나머지 2/3는 고객 후기, 지인의 추천 등 소비자가 만들어 낸 정보다.[xvii] 회사가 발신하는 수백 번의 광고보다 단 한 번

의 고객 후기가 더 강력한 설득력을 갖는다. 백문불여일견百聞不如一見이 아니다. 백광고불여일후기百廣告不如一後記다. 소비자는 같은 제품과 서비스라도 '고객 후기'의 양과 질을 보고 구매 결정을 한다. 이것은 21세기 소비자의 암묵적인 행동 규칙이다. 입장 바꿔 생각하면 21세기 생산자의 암묵적인 자원은 '고객 후기'라는 말이 된다. 이를 적극적으로 활용해야 한다.

이제는 모두가 안다. 소비자를 대상으로 하는 사업을 한다면 적극적으로 고객 후기를 모아야 한다는 것을 말이다. 아쉽게도 대부분의 작은 브랜드는 고객 후기를 그냥 모으고 끝나는 경우가 많다. 고객 후기만 모으면 끝이라고 생각하는 것이다. 자원이라는 것은 활용해야 가치가 있다. 고객 후기도 마찬가지다. 광고를 하더라도 생산자의 목소리가 아닌 소비자의 목소리로 해야 한다. 기존에 우리 브랜드를 경험한 고객의 목소리로 신규 고객에게 메시지를 전해야 한다. 수시로 고객 후기를 살펴보고 활용해야 한다. 고객 후기를 우리 회사의 마케터가 만든 브랜딩·마케팅 메시지라고 생각하고 때로는 가감 없이 때로는 가공하여 사용해야 한다. 이렇게 기존 고객 모두를 우리 브랜드의 메신저로 참여시키는 것이다.

다음으로 '쇼핑백'이다. 쇼핑백은 말 그대로 '쇼핑Shopping'한 물품을 담는 '백bag'이다. 이 목적에만 충실해도 된다면 길거리에서 과일을 살 때 담아 주는 검은 비닐봉지로 충분하다. 그렇다면 모든 브랜드가 검은 비닐봉지를 쓸 것이다. 싸고 튼튼하고 웬만한 물품은 다 담을 수 있으니 말이다. 현실은 그렇지 않다. 브랜드마다 쇼핑백이 다 다르다. 심지어 명품 브랜드의 쇼핑백은 당근이나 중고나라와 같은 중고 시장 플랫폼에서 거래가 될 정도로 가치를 높게 쳐 준다. 모든 브랜드가 공들여 쇼핑백을 만든다. 왜 그럴까? 쇼핑백은 '이동하는 광고판'이기 때문이다. 구체적으로 말하자면 '구매 고객이 자발적으로 돌아다니면서 브랜드를 알리는 광고판'이라고 할 수 있다.

쇼핑백보다 강력한 광고는 드물다. 생산자가 아니라 소비자가 하는 광고라는 측면에서 '고객 후기'를 닮았다. 이동하는 광고라는 측면에서는 '버스 광고'를 닮았다. 구매가 이루어지는 장소에서, 구매 의사가 있는 사람에게 보이는 광고라는 측면에서 '쇼핑몰 배너 광고'를 닮기도 했다. 여러모로 장점만을 고루 갖춘 최고의 광고다. 심지어 공짜다(엄밀히 말하면 쇼핑백 원가 정도 든다). 제품을 판매하는 브랜드라면 '쇼핑백'을 단순히 물건 담는 도구가 아닌 최고의 광고판이라고 생각해야 한다. 이를 위해 두 가지를 고려해야 한다. 구매자가 들고 다니고 싶게 만들어야 하고, 잠재 고객에게 브랜드가 잘 인식이 되도록 디자인해야 한다. 2024년에 이를 적극적으로 활용한 브랜드가 있다. 참신한 마케팅으로 잘 알려진 패션 브랜드 아더에러Adererror다.

아이디어는 간단했다. 쇼핑백의 크기를 사람이 들고 다닐 수 있는 최대치로 키운 것이다. 지나가는 사람이 보지 않고 지나칠 수

그림 3-7 아더에러의 쇼핑백

없는 크기다. 말 그대로 광고판의 크기다. 쇼핑백에는 브랜드의 로
고가 크게 적혀 있고 브랜드를 상징하는 파란색 계열의 색상이 강
렬하게 반영되어 있어 패션에 관심 있는 사람이라면 한눈에 아더
에러임을 알게 된다. 모르는 사람이라도 검색하게 만드는 쇼핑백
이다. 물론 아더에러이기 때문에 가능한 시도였다. 저렇게 큰 쇼핑
백을 들더라도 우스꽝스럽기보다는 힙해 보일 수 있는 브랜드력을
갖추었기 때문이다. 이것은 하나의 예시이자 방법일 뿐이다. '고객

들이 들고 다니고 싶고', '잠재 고객이 우리 브랜드임을 알아볼 수 있는' 두 가지 조건을 고민하면서 쇼핑백을 만들 수만 있다면 그 어떤 방법도 괜찮다. 모든 고객을 우리 브랜드를 알리는 메신저로 만들 수 있으면 말이다. After 참여 단계의 핵심은 모든 고객을 우리 브랜드의 메신저로 만드는 일이다.

☐ Pre 참여: '단체 사진 효과'를 설계했는가?
  ❶ 제품과 서비스를 고객과 함께 만들기.
  ❷ 고객 조사를 통해 고객의 피드백을 반영하기.
  ❸ 최소 기능 제품(MVP)을 통해 고객 행동을 예상하고 개선하기.

☐ Ing 참여: '불편함의 미학'을 설계했는가?
  ❶ 콘텐츠 비즈니스를 한다면 이스터 에그를 만들기.
  ❷ 상품과 서비스의 일부를 고객이 직접 만들도록 하기.
  ❸ 고객을 회사의 일원으로 만들기.

☐ After 참여: '고객의 메신저화'를 설계했는가?
  ❶ 앰배서더라는 공식 브랜드 메신저 만들기.
  ❷ VIP 초청 이벤트를 통해 적극적 고객 메신저 만들기.
  ❸ 비대칭 정보를 제공하여 적극적 고객 메신저 만들기.
  ❹ '고객 후기'와 '쇼핑백'을 활용하여 모든 고객을 메신저로 만들기.

PART 2

: 브랜딩 법칙 ZERO

Chapter 4

[R]epeat: 반복 또 반복

"시장은 반복이 신뢰로 이어지도록 훈련받았다."

– 세스 고딘

행복도 만드는
반복의 힘

트레바리 〈나, 브랜드〉 독서 모임에서 있었던 일이다. 그날 우리가 다루었던 책은 《행복을 파는 브랜드, 오롤리데이》였다. 오롤리데이라는 브랜드가 어떻게 만들어졌는지를 대표가 직접 서술한 책이다. 이러한 책의 경우 호불호가 많은 편이다. 회사 홍보물 같다든지, 자기 자랑이 심하다든지, 알맹이가 없다든지 같은 반응이 주를 이루곤 한다. 이 책은 예외였다. 모두가 만족하는 책이었다. 누군가는 대표의 어려웠던 이야기에 공감했고, 누군가는 대표의 솔직함에 반했고, 또 다른 누군가는 브랜드가 만들어지는 생생한 장면을 보며 큰 도움을 받았다고 했다. 각자가 가장 만족하는 포인트가 다 달랐다. 하지만 단 하나는 동일했다. 오롤리데이가 추구하는 '행복'이라는 키워드가 인상 깊었다는 점이다.

책과 관련해 이런저런 이야기를 나누던 중에 한 멤버가 모두에게 질문했다. "이 책에 행복이라는 단어가 몇 번 나오는지 아세요?" 모두가 답하지 못하자 바로 이어서 말했다. "행복은 총 284번이 나오고, 해피는 108번이 나와요. 두 개를 합치면 행복 관련 단어가 392번이나 나와요!" 놀라웠다. 한 책에 동일한 단어가 이렇게나 많이 나오다니. 개인적으로 행복에 집착할수록 행복에서 멀어진다고 믿는 편이다. 그래서 행복을 이렇게나 반복적으로 말하는 책을 좋아하지 않는 편이다. 그럼에도 불구하고 행복에 감화되었다. 그녀가 392번이나 반복해서 행복을 빌어 주는 그 마음에 감화된 것이다.

책을 통해 오롤리데이에 반한 나는 얼마 지나지 않아 오프라인 매장에도 방문했다. 성수동에 위치한 해피어마트였다. 매장 이름에도 행복이 들어가 있었다. 매장에 들어가 보니 행복이 가득했다. 랜덤 메시지를 출력해 주는 자판기도 행복을 말하고 있었고, 각종 굿즈와 생활용품에도 행복과 관련된 이미지와 메시지가 넘쳐 나고 있었다. 행복을 기념하고자 노트 하나를 사고 결제를 했다. 그때 직원분이 다음과 같이 말했다.

"행복한 하루 보내세요."

또 행복이었다. 오롤리데이는 행복에 진심인 브랜드였다. 그 진심은 '반복'을 통해 내 마음에도 각인되었다. 한스 게오르크 호이젤

Hans-Georg Hause의 《뇌, 욕망의 비밀을 풀다》에서는 이를 뇌과학으로 설명한다.

"상품과 감정적인 광고 메시지가 함께 등장하는 빈도가 높을수록 네트워크에 속해 있는 신경 세포 사이의 결합이 더 강력해진다. 신경 세포들이 반복해서 네트워크 이웃에 대해 말할수록 네트워크에 속해 있지 않은 다른 신경 세포의 신호보다 그 신호에 더 빠르게 반응한다. 전문 용어로 이런 메커니즘을 장기 강화Langzeitpotenzierung라고 일컫는다."[ii]

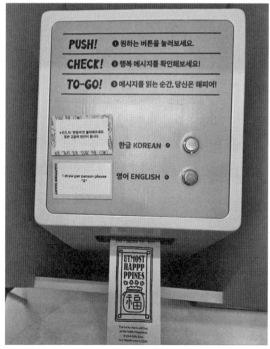

그림 4-1 해피어마트 성수점 내부에 위치한 행복 자판기

오롤리데이는 '행복'을 끊임없이 반복함으로써 나의 뇌 속의 신경 세포들이 반복해서 신호를 받아들이고 전파하도록 만들었다. 오롤리데이와 나 사이에 '행복'이라는 마음의 교집합이 생겼다. 그러자 오롤리데이를 사랑하는 마음이 싹텄다.

반복은 사전적 정의 그대로 '같은 일을 되풀이하는 것'이다. 조금 더 구체적으로 말하자면 브랜드가 무엇을 해야만 하고(Do), 무엇을 하지 말아야 할지(Don't)를 명확히 규정하고 이를 반복해 나가는 것이다. 브랜드의 언어적 요소(슬로건, 말투 등)와 비언어적 요소(로고, 폰트, 키 컬러, 음악 등)가 모두 포함된다. 반복은 브랜드의 핵심 가치를 일관성 있게 전하기 위해 필수적이다. 반복이 누적되면 명확한 정체성이 되고 나아가 소비자와의 정체성 교집합을 이루게 된다. 이는 궁극적으로 '사랑받는 메신저'를 만들어 낸다.

반복은 크게 두 가지로 나누어 생각해 볼 수 있다. 같은 시간에 모든 고객 접점에서 같은 메시지를 반복하는 공시적 반복Synchronic repeat, 시간의 흐름에 따라 같은 메시지를 반복해 나가는 통시적 반복Diachronic repeat이다.[iii] 단어가 어려워 보이긴 하지만 그리 어려운 내용은 아니다. 먼저 공시적 반복부터 알아보자.

공시적 반복:
같은 시간에 모든 곳에서 반복

기업을 고객으로 하는 B2B^{Business to Business} 시장에서 오랫동안 일한 대표님과 식사를 했다. 업력이 쌓이면서 B2B 시장에서는 나름의 성공 방정식을 만든 듯 보였으나 문제는 최종 소비자를 고객으로 하는 B2C^{Business to Consumer}였다. 최근 몇 년간 B2C 시장을 목표로 새로운 제품을 준비하고 있었는데, 브랜딩도 그리고 마케팅도 B2B 와는 전혀 달라서 어려운 점이 많다고 이야기했다. 수많은 잠재 고객을 직접 만나서 이야기를 나누며 나름의 답을 찾아가는 과정으로 보였다.

접근법은 매우 좋다고 생각했다. 소비자의 목소리를 듣는 것, 그들의 진짜 문제와 니즈가 무엇인지를 파고드는 것이 B2C의 핵심이기 때문이다. 이를 통해 얻은 잠정적 답인 '단순함'도 적절하다고 생각했다. 다만 이를 조금 구체화할 필요는 있어 보였다. 단순함을 표방하는 브랜드는 수도 없이 많지만 기억에 남는 브랜드는 거의 없다. 그 이유는 무엇일까? 대부분 구체적이지 않고 일관성이 없기 때문이다. 디자인이나 요소의 군더더기를 최소화한 미니멀리즘에 가까운 단순함인지, 토스의 UX/UI처럼 고객의 불편함을 최소화한 고객 경험의 단순함인지 등을 물었다. 후자에 가까워 보였다. 이어서 물었다.

"SNS나 상세 페이지 등에서도 메시지나 말투가 단순한가요? 고객이 이해하기 편한가요? 브랜드가 말하고자 하는 '단순함'을 모든 고객 접점에서 반복하고 있나요?"

대표님은 아직 거기까지는 생각하지 못했다고 답했다. 이후 카페로 자리를 옮겨서 공시적 반복의 중요성에 대한 이야기를 나누었다. 고객이 브랜드를 접하는 모든 접점에서 '단순함'이 느껴질 수 있어야만 브랜드가 말하는 '단순함'이 성립된다고 이야기했다. 말을 하다 보니 한 브랜드가 떠올랐다. 특유의 친근하고 키치한 B급 감성으로 배달 앱을 평정한 '배달의 민족'이었다. 배달의 민족은 모든 고객 접점에서 '배민다움'을 반복하고 있다. 심지어 고객들이 유심히 지켜보지 않는 '앱 업데이트 문구'에서도 배민다움을 반복하고 있다.

"편리하고 안정적인 서비스를 위해 앱 구석구석 사용성을 개선했어요. 하지만 여러분 눈에 띌 법한 큰 변화는 아닙니다. 이렇게 티 안 나는 일을 할 때면 종종 서운한 마음이 들기도 합니다. 하지만 결국 세상은 이런 보이지 않는 노력이 모여 돌아가는 건 아닐까 생각해 보아요. 오늘의 업데이트로 배민이란 세상도 조용히, 하지만 정직하게 돌아가고 있습니다. 모두 행복하고 배부른 하루 되세요!"

−11.8.0 버전 앱 업데이트 문구

배달의 민족이라는 브랜드이기에 가능한 말투와 메시지다. 마지막에 '배부른 하루 되세요!'가 화룡점정이다. 대부분이 신경 쓰지 않는 고객 접점에서도 배민다움이 반복되고 있다. 배달의 민족이라는 브랜드는 이를 통해 일관된 이미지와 느낌으로 고객의 마음에 자리 잡게 된다. 배달의 민족 이전에도 이를 정말 잘했던 브랜드가 있다. 로레알에 6,000억 원에 매각된 '스타일난다Stylenanda'다.

2000년대만 하더라도 브랜드가 고객에게 메시지를 전하는 방식은 천편일률적이었다. 판에 박힌 듯한 딱딱하고 정중한 말투에 재미없는 내용이 태반이었다. 메시지만 보고 브랜드를 구별하는 것은 불가능했다. 스타일난다만은 예외였다. 스타일난다의 김소희 창업자는 한 언론사와의 인터뷰에서 '형식적인 친절보다는 언니 혹은 동생처럼 친근한 분위기를 자아내며 아니라면 아니라고 얘기해 줄 수 있는 진심 어린 태도로 고객을 대해야 한다'라는 브랜드

철학을 강조했다.[iv] 이는 고객이 받는 문자 메시지에서도 그대로 드러났다. '언니 이번에 ○○○한 신상품이 나왔어요'와 같이 고객을 언니라고 부르는 호칭 그리고 '다, 나, 까'를 벗어난 '요'로 끝나는 말투는 당시에 큰 화제가 되었다. 스타일난다를 어느 채널에서 접하든 대표가 말하는 '언니 혹은 동생의 분위기'를 반복해서 느낄 수 있었다.

맥도날드, 스타벅스, 블루보틀 등과 같은 글로벌 기업은 이러한 공시적 반복의 중요성을 그 누구보다 잘 알고 있다. 전 세계 어느 매장을 가더라도 동일한 맛의 음식과 동일한 서비스를 제공받을 수 있다는 확신을 고객에게 주기 위해 최선을 다해 공시적 반복을 하고 있다. 핵심 가치를 사소한 부분까지 반복 또 반복함으로써 브랜드의 일관성을 만들어 나가고 있다. 커피계의 애플이라 불리는 블루보틀은 기계가 아니라 사람이 직접 물을 부어 커피를 만드는 드립 커피의 매뉴얼이 한국, 미국, 일본이 모두 동일하다. 그냥 동일한 정도가 아니다. 물을 붓는 양과 시간 그리고 몇 번 돌려야 하는지까지 구체적으로 정해져 있고 이를 조금이라도 어겨서 만든 커피는 모두 폐기한다. 반복을 철저하게 지키는 것이다.

공시적 반복은 직영점이 아닌 대리점에서 판매할 때도 유지되어야만 한다. 특히나 고객 마음속에 아직 명확한 정체성을 각인시키지 못한 작은 브랜드라면 이를 필사적으로 지켜야 한다. 강력한 팬덤을 보유하고 있는 트립웨어Tripwear 브랜드 로우로우RAWROW가 이를 잘 해냈다.

로우로우는 가방으로 시작한 브랜드다. 이의현 대표는 회사 설립 후 첫 8개월 동안 오프라인 매장에서 주문이 들어오면 고객에게 직접 가져다주었다고 한다. 이뿐만이 아니다. 고객 접점에 있는 대리점 판매 직원까지 적극적으로 관리했다. 대부분의 브랜드가 대리점에 종이 한두 장으로 정리된 제품 소개서를 보낼 때 그는 간식을 사 들고 대리점에 방문하여 판매 직원과 밥을 먹으며 로우로우의 철학과 제품의 특징을 상세히 설명하고 또 설명했다. 모든 고객 접점에서 '로우로우다움'이 반복될 수 있도록 한 것이다. 그 결과 가방에 대한 전문적인 노하우나 경험이 부족했던 신생 브랜드는 유명 편집숍에 빠르게 입점할 수 있었고 출시 8개월 만에 가방 시장에서 판매 1위를 기록했다.[v] 공시적 반복의 힘이 잘 드러나는 순간이었다.

통시적 반복:
시간이 흐름에도 반복 또 반복

"이제 좀 새로운 광고를 해야 하지 않을까요?"

마케팅 대행을 하다 보면 이러한 말을 빈번하게 듣게 된다. 오너 경영자든, 전문 경영자든 상관없이 똑같은 말을 한다. 모두 반복 보다는 새로움을 원한다. 왜 그럴까? 두 가지 이유가 있다. 생산자 관점과 단기적 성과주의 때문이다.

몇 년 전에 어떤 가수가 한 말이 기억난다. "히트곡을 부르는 게 고역이에요. 너무 많이 불러서 너무 지겹거든요." 매체 인터뷰에서 들었는지, 사석에서 대화를 나누면서 들었는지는 기억나지 않지만 이 말만큼은 생생히 기억난다. 대중은 히트곡을 들을 때마다 좋고 새로운데 가수에게는 그게 아닌 것이다. 가수는 본인의 히트곡을 대중이 들은 것의 최소 수백 배는 더 들었기 때문이다. 지겨울 만도 하다. 광고도 마찬가지다. 비싼 돈을 들여 광고를 제작하면 생산자, 특히나 대표는 하루에도 여러 번 그 광고를 찾아서 보고 또 본다. 그러다 보니 짧게는 2~3개월 만에 광고가 지겹다고 느끼는 것이다. 고객은 그렇지 않다. 매년 수십에서 수백억 원의 광고비를 쏟아붓는 대기업의 광고가 아니라면 고객에게는 여전히 낯설고 새로운 광고일 확률이 높다. 아니 전혀 접하지 못한 광고일 확률도 크다.

라디오 방송을 들은 지 오래되었다면 지금 한번 라디오를 켜 보자. 여러분이 십 년 전에 들었던 익숙한 광고가 거의 똑같이 나오고 있을 것이다. '앞뒤가 똑같은 전화번호 1577!', '조강지처가 좋더라. 썬연료가 좋더라!' 등등. 이러한 기업들이 단순히 광고비를 아끼려고 똑같은 광고를 반복하고 있을까? 아니다. 통시적 반복을 통해 고객에게 브랜드를 각인하기 위해서다. 광고는 이처럼 지겨워야 한다. 생산자에게는 말이다. 생산자에게 지겨울 때 비로소 고객에게 들리고 인지되기 시작한다. 이를 명심해야 한다.

새로운 광고를 원하는 또 다른 이유는 단기적 성과주의 때문이다. 특히나 전문 경영인이 대표로 있을 때 자주 발생하는 일이기도 하다. 마케팅 담당자가 바뀌었을 때도 자주 나타나는 현상이다. 기존에 만들어 놓은 광고를 지속 반복하는 것은 본인의 성과가 아니라 전(前) 대표 혹은 전 담당자의 성과라고 느끼는 것이다. 기존의 광고가 성공적이었더라도 어떻게든지 새로운 메시지, 새로운 광고와 마케팅을 하려고 하는 이유가 바로 이 때문이다. 이렇게 되면 반복이 깨지면서 고객은 혼란스러워지기 시작한다. 어렵게 만든 브랜드 정체성이 흐릿해지는 것이다. 이러한 폐단이 가장 잘 드러나는 곳이 국가 브랜드다. 정치적인 이야기를 하는 것이 아니다. 여야 상관없이 정권이 바뀔 때마다, 지방자치단체장이 바뀔 때마다 메시지는 바뀌고 추구하는 이미지가 바뀐다. 수십 년간 엄청난 비용을 들여 국가 브랜딩을 했음에도 불구하고 다른 나라와 차별화되는 뚜렷한 대한민국의 국가 이미지가 없는 이유가 이 때문이다. 혹여나 외국인에게 대한민국만의 뚜렷한 이미지가 있다면 국가가 아닌 사기업, 혹은 아티스트의 개별적인 노력 덕택일 것이다.

2002*	Hi Seoul
2006*	Hi Seoul SOUL OF ASIA
2009	Infinitely yours, SEOUL
2010	SEOUL
2012	SEOUL, MY [ ]
2015	I·SEOUL·U 너와 나의 서울

그림 4-2 역대 서울시 슬로건

그림 4-3 2024년 기준 현재 서울시 슬로건

작은 물방울도 단단한 바위를 뚫을 수 있다. 동일한 위치에 반복해서 떨어지면 말이다. 아무리 사소하더라도 시간이 흐르면서 반복이 축적되면 놀라운 결과를 얻을 수 있다. 고객의 마음을 얻을 수 있다. 이러한 통시적 반복에는 하나 더 생각해야 할 것이 있다. 바로 개정을 통해 반복의 신선도를 유지하는 것이다. 1등 브랜드라면 반드시 고민해야 하는 일이기도 하다.

1등이라면 개정을 통해 반복을 신선하게

1년 내내 실내 온도를 25도로 유지하고 싶다면, 여름에는 냉방을 해야 하고 겨울에는 난방을 해야 한다. 냉방만 반복하거나 난방만 반복하면 안 된다는 말이다. 다른 말로 변화하는 환경에 맞추어 개정을 해야 한다는 것이다. 이처럼 브랜드의 핵심 가치를 변함없이 25도로 고객에게 전하기 위해서는 적절한 개정이 필요하다.

1939년에 창업해 3대째 전통을 이어오고 있는 서울 불고기의 대표 주자 한일관이 대표적인 예이다. 한일관은 변함없는 불고기 맛으로 유명하다. 이 때문에 기존 고객은 변함없이 한일관을 찾고 새로운 고객은 전통의 맛을 경험해 보고자 방문한다. 언뜻 보면 기존의 것을 단순히 반복함으로써 성공을 이어 나가는 것처럼 보인다. 속내를 들여다보면 전혀 그렇지 않다. 한일관은 변함없는 불고기 맛을 유지하기 위해 역설적으로 끊임없이 불고기 맛을 개정하고 있다. 한일관을 3대째 이끌고 있는 김은숙, 이숙 자매는 한 인터뷰에서 다음과 같이 말했다.

"단골분들은 '옛날 그 맛'이라며 좋아하시지만, 음식 맛은 시대에 맞게 변해 줘야 한다. 60년대 불고기를 지금 내놓으면 짜서 못 드신다."[vi]

이상하지 않은가? 음식 맛을 바꾸는데 고객은 여전히 옛날 그 맛이라고 느낀다는 사실이 말이다. 이 점이 핵심이다. 브랜드가 늘 있던 그 자리에 서 있으면 브랜드 입장에서는 반복이고 일관성이다. 고객 관점에서는 어떨까? 노후화, 촌스러움, 심지어 망각으로 이어질 수 있다. 우리가 서 있는 자리는 멈추어 있는 땅이 아니라 끊임없이 움직이는 무빙워크Moving walkaway이기 때문이다. 같은 자리를 고수하면 고객으로부터 멀어지게 된다. 무빙워크가 움직이는 속도만큼 앞으로 걸어야 한다. 그래야 반복의 신선도를 유지할 수 있다. 개정을 해야만 고객에게 일관성을 줄 수 있다.

나이키는 대단한 브랜드다. 오래된 브랜드이면서도 신선한 브랜드다. 일관되면서도 지루하지 않다. 어떻게 이것이 가능했을까? 핵심 메시지를 반복하면서도 시대의 변화에 맞추어 끊임없이 개정했기 때문이다. 나이키라고 하면 가장 먼저 떠오르는 것이 'Just Do It(그냥 해)'이라는 슬로건이다. 이를 통해 고객에게 '도전', '실

FIND YOUR GREATNESS.

*Révèle toi.

그림 4-4　나이키의 Find Your Greatness: Jogger 광고

행', '열정'과 같은 이미지와 감정을 불러일으킨다. 이는 변함없다. 다만 이를 보여 주는 방식을 시대의 변화에 맞게 개정해 나가고 있다. 과거에는 남성 특히나 신체적으로 뛰어난 인기 스포츠의 운동선수가 이러한 메시지를 전달했다. 어느 순간부터 메시지를 전하는 사람이 다양해지기 시작했다. 여성은 물론이고 다양한 종목의 운동선수 그리고 신체적으로 불편함을 겪는 사람들까지 나와 메시지를 전한다. 핵심 가치는 반복되지만 메시지를 전하는 사람과 맥락을 끊임없이 개정하는 것이다. 변화하는 환경에 발맞추어 가는 것이다. 브랜드의 신선도를 유지하는 것이고, 개정을 하면서 반복하는 것이다.

'천 원 경영'이라는 철학으로 유명한 아성다이소도 끊임없는 개정을 진행 중이다. 시간의 흐름에 따라 변화하는 고객의 취향과 소

비 패턴에 맞추어 '국민 가게'라는 핵심 가치를 개정하고 있다. 다이소는 '천 원의 행복'이라는 슬로건으로 출발하여, '스마트 라이프, 스마트 다이소', '생활의 지혜, 생활의 발견'을 거쳐 현재 '필요한 것은 다 있소(다양성), 원하는 가격에 다 있소(가성비), 어디든지 다 있소(접근성)'라는 슬로건을 사용하고 있다.[vii] 슬로건은 변화해왔지만 고객에게 전하는 '국민 가게'라는 핵심 가치는 전혀 흔들리지 않고 있다. 오히려 시대의 변화에 맞추어 핵심 가치가 더 신선하고 더 또렷하게 보인다. 이 또한 개정을 통한 반복의 효과다.

코로나 팬데믹으로 인해 오프라인 강의를 못 해 큰 타격을 입었던 김미경 강사도 《김미경의 리부트》에서 개정의 중요성을 다음과 같이 강조하고 있다.

"인생의 재시동에는 조건이 있다. '나'라는 등장인물은 같지만 새로운 이야기를 시나리오로 만들어야 한다. 나는 내가 가진 것 중 최소한의 기본값, 강사라는 내 직업만 남기고 나머지 내가 고집해 온 강의 스타일이나 노하우, 플랫폼 등은 모두 바꿔야만 했다. 그 방법들을 모아 놓은 나만의 시나리오가 바로 코로나 이후의 나를 살리고 있다. 새로운 세상에 유능한 사람으로 재등장하기 위해서는 매일 나만의 '리부트 시나리오'를 써 내려가야 한다."[viii]

그녀가 말한 '내가 가진 것 중 최소한의 기본값'이 브랜드가 반복해야 할 핵심 가치다. 이를 유지하기 위해서는 나머지 모든 것들을 끊임없이 개정해야 한다. 반복과 일관성은 생산자 관점이 아니라 소비자 관점에서 바라보아야 한다. 이를 위해서는 환경 변화에 발맞춘 개정은 필수다.

개정에 있어서 한 가지 주의할 점이 있다. 아직 고객의 마음에 단단히 자리 잡지 못한 브랜드라면 반복에만 집중해야 한다는 사실이다. 반복을 통해 일관성을 만들고, 일관성을 통해 사랑받는 메신저가 되는 것이 최우선 과제이다. 개정은 그 후에 고민할 문제다. 적절한 개정의 시점은 브랜드나 상황마다 다를 수 있지만 아직 1등 브랜드가 아니라면 반복에만 집중하는 편이 낫다. 1등 브랜드가 될 때까지 반복 또 반복하자. 그러고 나서 개정을 하자.

자연은 반복의 산물이다. 우리가 흔히 볼 수 있는 구름, 산, 해안선 등은 부분이 전체와 비슷한 형태로 끊임없이 반복되는 구조다. 이를 프랙털Fractal이라 부른다. 자연은 또한 개정의 산물이다. 계절의 변화 그리고 다양한 환경의 변화에 발맞추어 끊임없이 개정을 해 나간다. 사랑받는 브랜드는 자연을 닮았다. 반복을 통해 일관성을 만들고, 개정을 통해 신선도를 유지한다.

□ 무엇을 하고(Do) 무엇을 하지 말아야 할지(Don't)를 정했는가?

□ 현재 모든 고객 접점에서 브랜드의 핵심 가치가 반복되고 있는가?
  ❶ 브랜드의 언어적 요소(슬로건, 말투 등)가 반복되는가?
  ❷ 브랜드의 비언어적 요소(로고, 폰트, 키 컬러, 음악 등)가 반복되는가?
  ❸ 대리점에서도 브랜드의 핵심 가치가 반복되고 있는가?

□ 대표나 마케팅 담당자가 바뀌었어도 반복을 유지하고 있는가?

□ 업계 1위라면 '최소한의 기본값'을 유지한 채 개정하고 있는가?

PART 2
: 브랜딩 법칙 ZERO

Chapter 5

[O]ptimize: 최적화

"최적화는 비즈니스 목표를 달성하기 위한
최적의 마케팅 비용을 찾고 실행하는 것이다."

– 익명의 사업가

최적화라는 이름의
산소마스크

↗

비행기를 타면 이륙 전에 안내 방송을 듣게 된다. 우리가 잘 알고 있는 당연한 내용이다. 그중 하나가 산소마스크 착용 관련 안내이다. 보호자가 먼저 산소마스크를 착용하고 노약자나 아이를 챙기라는 말이다. 왜 이렇게 당연한 말을 할까? 대부분의 사람이 그렇게 행동하지 않기 때문이다. 비상 상황에서 본능적으로 본인보다 부모나 아이를 먼저 챙길 수 있기 때문에 이러한 안내를 하는 것이다. 이러한 이타적 행동은 큰 문제를 야기할 수 있다. 보호자가 산소마스크를 쓰지 않아 의식을 잃으면 결국에 모두가 목숨을 잃을 수 있기 때문이다.

브랜딩도 마찬가지다. 이익이라는 산소마스크를 먼저 쓰지 않으면 생존할 수 없다. 일단 살아야 한다. 그러기 위해 팔아야 한다. 돈을 벌어야 한다. 큰 브랜드는 기존에 쌓아온 돈으로 버틸 수 있어도 작은 브랜드는 단 한 달만 이익이 없어도 생존에 위협을 받는다. 그렇기에 최적화가 필요하다.

브랜딩을 다루는 책에서는 잘 언급하지 않는 이야기다. 아니 '최적화'라는 말은 금기와도 같다. 즉각적인 판매의 냄새를 풍기기 때문이다. 세일즈와 마케팅 책에 더 적합한 이야기처럼 들릴지도 모른다. 브랜딩 책에서 '최적화'를 말하는 것은 논리적으로 어긋날 수도 있다. 경박하게 말하자면 멋없을 수도 있다. 그럼에도 불구하고 ZERO의 마지막 단어 O를 Optimize, 즉 '최적화'로 잡아야만 했다. 이 책은 하루하루 생존을 고민하는 작은 브랜드를 위해 쓰였기 때문이다. 우리에게는 그 무엇보다도 '버티는 힘'이 필요하다. 최적화는 이를 위한 기반이다. 생존을 위한 최소한의 조건이자 환경이다. 이것이 있어야 브랜딩이 가능하다.

그럼, 최적화란 무엇인가?[1] 많이 들어본 단어인데 정의 내리기는 쉽지 않을 것이다. 매출 최대화를 생각하는 사람도 있을 것이고, 비용 최소화를 떠올리는 사람도 있을 것이다. 혹은 이익 최대화를 떠올릴 수도 있다. 모두 맞는 말이면서 틀린 말이다. 비즈니스 목적에 따라 최적화는 달라지기 때문이다. 크게 세 가지 목적을 생각해 볼 수 있다.

---

1   대한수학회(KMS)에 따르면 최적화란 '주어진 범위 안에서 최댓값 또는 최솟값을 찾아 자원 또는 비용의 효율성을 추구하는 것'이다.

❶ 매출 최대화

❷ 이익률 최대화

❸ 이익 최대화

주식 상장을 꿈꾸는 스타트업은 ❶ 매출 최대화가 목표인 경우가 많다. 일단 매출을 높여 회사 덩치를 키우는 게 투자자들에게 지속적인 투자금을 유치하고 궁극적으로는 회사를 주식 시장에 상장시키는 데 유리하기 때문이다. 지속적으로 적자를 기록함에도 불구하고 주식 시장에 성공적으로 상장한 회사는 많다. 이런 경우의 최적화는 가용 예산 내에서 매출을 최대화하는 마케팅 비용을 찾고 집행하는 것이다.

매각을 고려 중인 기업은 ❷ 이익률 극대화가 목표인 경우가 많다. 높은 이익률은 회사의 가치를 높게 평가받는 데 중요한 지표이기 때문이다. 이럴 경우에는 이익률을 최대화할 수 있는 지점까지 마케팅 비용을 최소화하는 것이 최적화일 것이다.

마지막으로 ❸ 이익 극대화는 대부분의 회사가 목표로 삼기에 좋다. 극단적으로 생각해서 이익률이 30%인데 이익이 1억 원인 회사와 이익률이 3%인데 이익이 10억 원인 회사가 있다면 무엇을 택할 것인가? 대부분 후자를 택할 것이다. 이럴 경우에는 마케팅 비용을 최소화하는 것이 답이 아니다. 이익이 증가한다면 마케팅 비용을 지속적으로 올리는 것이 좋다. 이익이 최대화되는 마케팅 비용을 찾고 집행하는 것이 이 경우의 최적화다.

다시 정리해 보자. 브랜딩 법칙 ZERO에서 말하는 최적화는 '가용 예산 내에서 비즈니스 목적을 최대로 달성하기 위한 마케팅 비용을 찾고 집행하는 것'이다. 비용을 최소화하고 매출과 이익을 극대화할 수 있다면 그렇게 해도 좋다. 다만 이는 현실적으로 불가능하다. 비용을 써야만 매출이 늘고 이익이 늘어난다. 불필요한 비용은 최소화해야 하지만 비즈니스 목적(매출, 이익, 이익률)을 달성하기 위한 비용까지 아끼면 안 된다. 쓸 때는 과감하게 써야 한다. 또한 최적화 지점은 다양한 변수에 따라 끊임없이 변화하니 지속적으로 체크해야 한다.

최적화를 달성하기 위해서는 최적화의 기준을 설정하고, 불필요

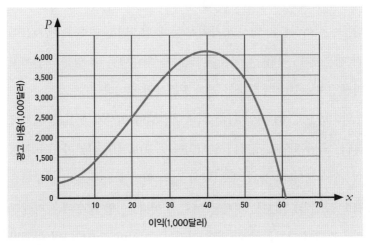

그림 5-1 이익 극대화 그래프

* 이익 극대화를 목표로 한 최적화는 이 그래프에서 광고비를 40,000달러를 쓰는 지점이다.

한 비용과 시간 낭비를 최소화해야 한다. 이를 위해 마케팅 ROI, 콘텐츠 최적화, 이메일 마케팅 자동화에 대해서 차례대로 알아볼 것이다. 이를 기반으로 여러분만의 최적화를 설계할 수 있을 것이다. 이제 산소마스크를 착용할 시간이다.

최적화의 기준: 마케팅 ROI

↗

현대 경영학의 아버지라 불리는 피터 드러커는 다음과 같이 말했다.

"마케팅의 목적은 판매를 불필요하게 하는 것이다." [i]

이 말에 숟가락을 하나 얹어 보고자 한다. "브랜딩의 목적은 마케팅을 불필요하게 하는 것이다." 판매는 '파는 것', 마케팅은 '사고 싶게 만드는 것', 브랜딩은 '사랑하게 만드는 것'이기 때문이다. 사랑받는 브랜드에 마케팅과 판매 활동은 불필요해진다. 반대로 생각하면 작은 브랜드는 판매부터 하나하나 차곡차곡 쌓아나가야 한다는 말이기도 하다. 이제 막 브랜딩을 시작하는 작은 브랜드는 판매부터 집중해야 한다. 판매의 최적화를 이루어야만 마케팅을 고려할 수 있고 마케팅의 최적화를 이루어야만 지속적이고 안정적인 브랜딩을 할 수 있다. 풀어서 말하면 팔 때마다 손해가 나면 안 된다는 말이고, 마케팅을 할 때마다 손해가 나면 안 된다는 말이다. 이러한 기본을 다져야만 브랜딩을 고려할 수 있다.

먼저 판매에 있어서 가장 중요한 것은 마진Margin이다. 마진을 엄밀하게 정의하기보다는 '상품과 서비스를 팔았을 때 나에게 남는 돈'으로 쉽게 생각해 보자. 작은 브랜드라면 판매를 할 때마다 꼭 마진이 남아야만 한다. 매출만 많다고 끝이 아니다. 매출은 적지 않은데 망하는 작은 기업이 생각보다 많다. 마진을 제대로 계산하지 않았기 때문이다(현금 흐름이 문제인 경우도 많지만 책이 다루고자 하는 범위를 넘어서는 내용이니 생략한다). 사업을 함에 있어서 나만의 마진 계산식은 반드시 필요하다. 혹시라도 마진을 정확하게 계산하지 않고 사업을 하는 분이 있다면 표 5-1을 참고해서 본인만의 계산식을 꼭 만들기를 바란다.

제품명	판매가	고객 배송비	부가세	원가	실배송비	기타 비용
고체 비누	10,000	3,000	1,300	3,000	2,000	2,000

판매처	수수료율(%)	수수료	마진	마진율(%)
네이버	2	234	4,466	44.66

표 5-1 마진율 계산식

* 인건비에는 부가세가 붙지 않으므로, 매입값(원가, 실배송비, 기타 비용)은 일괄적으로 부가세를 뺀 금액으로 반영해야 한다.
* 수수료는 판매처마다 다르며 유입 경로에 따라 판매가에 붙는 수수료와 고객 배송비에 붙는 수수료가 서로 다를 수 있다. 위 도표에서는 계산의 편의를 위해 임의로 2%의 수수료를 반영했다.

마케팅도 마찬가지다. 남들이 하니까, 매출이 적으니까 등과 같은 이유로 하면 안 된다. 뚜렷한 목적을 갖고 해야 한다. 마케팅 비용 대비 얼마나 많은 이익을 얻을 수 있는지를 계산하면서 마케팅을 진행해야 한다. 이를 마케팅 '투자 대비 수익률Return on Investment: ROI'이라고 부른다. 마케팅 ROI는 이익을 마케팅 투자액으로 나눠서 계산하며 백분율(%)로 표시한다. 그리 어려운 개념이 아니다. 제임스 렌스콜드의 《마케팅 ROI》에 나온 그림과 공식을 참고해보자.

ROI

= 이익 / 투자액

= (매출 총이익 − 투자액) / 투자액

= {(매출 − 매출 원가) − 투자액} / 투자액

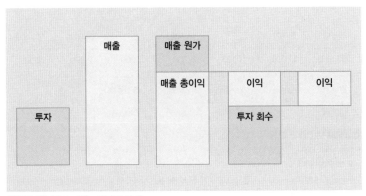

그림 5-2 투자, 매출, 이익의 관계

매출에서 매출 원가와 투자액을 빼면 이익이 남는다. 이익을 투자액으로 나누고 100을 곱하면 ROI가 나온다. 끝이다. 간단하지 않은가? ROI는 이처럼 마케팅 투자 대비 어느 정도의 이익을 얻을 수 있는지를 확인하기 위한 기준이다. 장기적으로 무조건 0보다 커야 한다. 마이너스라면 마케팅을 할 때마다 손해라는 말이기 때문이다. ROI 1%도 현실적으로 지속 불가능하다. 본인의 인건비, 임대료 등의 기타 비용은 제대로 반영되지 않았기 때문이다. 각자의 상황에 맞게 최소한의 마케팅 ROI 기준을 만들어야 한다.

처음부터 엄밀하고 정교하게 ROI를 설정하는 것은 무리가 있다. 경험도 없고 익숙하지도 않기 때문이다. 일단 대략 설정하고 경험을 쌓아 나가면서 정교화해 나가는 것을 추천한다. 정교하게 틀리는 것보다 어렴풋이나마 맞는 것이 더 낫기 때문이다.[2ii]

ROI는 '고객 생애 가치Customer Lifetime Value: CLV'와 '고객 확보 비용 Customer Acquisition Cost: CAC'을 기준으로 계산할 수도 있다. 먼저 고객 생애 가치다. 카테고리마다 차이는 있지만 고객이 딱 한 번만 구매하는 업종은 드물고 대부분 재구매를 하게 된다. 단골이 생긴다는 말이다. 마케팅을 할 때 고객 한 명으로부터 얻는 이익을 1회만 계산하는 것이 아니라 그 고객이 우리 브랜드를 이용하지 않을 때까지의 총이익을 고려해야 한다는 말이다. 이를 고객 생애 가치를 고려

---

2 수닐 굽타(Sunil Gupta)와 도널드 리먼(Donald R. Lehmann)이 한 말로 알려져 있다.

한다고 말한다. 필립 코틀러는 고객 생애 가치를 '마케팅을 통해 고객이 유입된 시점부터 제품 또는 서비스의 사용을 그만두고 이탈하는 시점까지 올려 줄 것으로 예상되는 순이익의 현재 가치[3]'라고 말했다.[iii]

작은 브랜드의 입장에서 고객 생애 가치를 계산하는 것은 쉬운 일이 아니다. 고객 한 명의 평균 매출과 비용을 모두 고려해야 하기 때문이다. 거기다 순이익의 현재 가치까지 계산해야 한다. 너무 어렵다. 조금 더 쉽고 현실적으로 적용할 수 있는 개념이 필요하다. '고객 생애 매출Customer Lifetime Revenue: CLR'이 그 대안이다. 이름 그대로 비용은 빼고 매출만 간단하게 고려하는 것이다. 고객이 우리 브랜드에서 평생 만들어 낼 매출만 보는 것이다. 계산 방법도 간단하다. 양승화의 《그로스 해킹》에 나온 계산식을 참고하면 좋다.

이 도표는 온라인 서비스 플랫폼을 기준으로 한다. 고객이 서비스에 머무는 기간은 2024년 1월부터 2024년 8월까지 총 8개월이다. 고객 생애 매출의 기간이 8개월이라는 이야기다. 고객 생애 매출을 구할 때 기간 설정이 중요한데 이는 업종마다 다르다. 초등학생이 고객인 경우 6년이 될 것이다. 이는 본인이 속한 업종의 특성에 맞게 계산하면 된다. ARPPU는 '알피피유'라고 부르며 '결제 사용자가 지불한 평균 금액Average Revenue Per Paying User'을 의미한다.[iv] 이

---

3 현재 가치(Net Present Value, NPV)라고 부르며 미래에 발생할 모든 현금 흐름을 현재 가치로 환산하여 현재 시점에서 그 가치를 평가하는 방식이다.

시점	가입자	(1월 가입자 중) 활용 회원	(1월 가입자 중) 결제자	ARPPU	결제 금액	가입자당 결제액
2024년 1월	1,000	1,000	500	5,000	2,500,000	2,500
2024년 2월		800	300	4,500	1,350,000	1,350
2024년 3월		500	120	4,000	480,000	480
2024년 4월		350	80	4,000	320,000	320
2024년 5월		200	30	3,000	90,000	90
2024년 6월		150	15	3,000	45,000	45
2024년 7월		80	7	2,500	17,500	17.5
2024년 8월		30	2	2,500	5,000	5
2024년 9월		0	0	0	0	0
계						4807.5

표 5-2 고객 생애 매출(CRL) 계산 예시

해하기 쉽게 '객단가'라고 생각해도 좋다. 상품을 판매하는 브랜드라면 이 도표에서 '활용 회원', 'ARPPU' 칸은 지우고 결제 금액을 가입자 수로 나눈 가입자당 결제액만 계산하면 된다. 이렇게 하면 더욱 간단하게 고객 생애 매출을 구할 수 있다.

고객 생애 매출(CLR) = 총 결제 금액 / 가입자

고객 생애 매출을 이해했다면 이제 고객 확보 비용을 알아보자. 말 그대로 한 명의 고객을 확보하는 데 드는 비용이다. 계산법은 간단하다. 총 100만 원의 마케팅을 했는데 신규 (구매) 고객이 100명이 늘어났다면 고객 확보 비용은 1만 원(1,000,000/100)이다.

고객 확보 비용(CAC) = 마케팅 비용 / 신규 (구매) 고객 수

이 둘을 종합하면 구체적인 마케팅 ROI를 계산할 수 있다. 고객 생애 매출은 반드시 고객 확보 비용보다 'a'만큼 커야 한다. 이를 수식으로 만들면 아래와 같다.

고객 확보 비용(CAC) + a 〈 고객 생애 매출(CLR)

여기서 a는 마진이다. 앞서 간단하게 알아보았던 ROI는 백분율(%)이지만 a는 구체적인 금액이다. 이 a는 플러스(+)여야 한다. 단돈 100원이라도 무조건 플러스여야 한다(물론 100원보다는 커야 한다). 이를 지속적으로 충족하지 못하는 마케팅은 수정하고 개선해야 한다. a는 목숨처럼 지켜야 하는 기준점이자 물러설 수 없는 기준선이다. 처음에는 막연할 수 있다. 이럴 때는 고객 확보 비용을 고객 생애 매출의 10~20% 수준으로 대략적으로 잡고 고객 데이터가 쌓여 감에 따라 a라는 기준점을 정교하게 잡아 나가면 된다. 중요한 것은 기준이 있어야 한다는 점이다. 측정할 수 있는 기준이 있어야 좋은 마케팅과 나쁜 마케팅이 구별된다. 그저 감으로 좋고 나쁘다를 말하는 마케팅에서 벗어나 최적화를 하기 위해서 마케팅 ROI는 필수다.

비용 최소화:
콘텐츠 최적화

↗

마케팅 ROI라는 기준을 통해 최적화하더라도 한 가지 고민이 생긴다. 정확히는 욕심이 생긴다. "돈 안 들이고 마케팅을 할 수 있는 방법은 없을까?" 아마도 모든 브랜드가 꿈꾸는 바일 것이다. 돈이 부족한 작은 브랜드라면 더더욱 바라는 바일 것이다. 심지어 글로벌 브랜드의 마케터도 내부에서 이러한 요구를 종종 받는다는 이야기를 나에게 했다. 모두가 원하지만 모두가 하지 못하는 공짜 광고. 방법이 없을까? 있다. 광고가 아닌 자체 콘텐츠를 통해 고객의 이목을 모으고 나아가 구매로 이끄는 것이다. 이를 콘텐츠 최적화라 부르고자 한다.

콘텐츠 최적화의 두 기둥이 있다. 하나는 '꾸준함'이고 다른 하나는 '고객 만족'이다. 구체적으로 말하자면 이렇다. 꾸준함은 콘텐츠를 만드는 태도다. 무인도에 표류한 사람이 구조되기 위해서는 어떻게 해야 할까? 발견될 때까지 꾸준히 불을 피워서 알려야 한다. 콘텐츠도 마찬가지다. 고객에게 발견될 때까지 꾸준히 만들어야 한다. '왜 사람들이 안 봐 주지?'라는 불만은 접어두는 게 좋다. 그것이 기본값이기 때문이다. 불씨를 피우자마자 구조되지 않는 것처럼 말이다. 초반에 반응이 없더라도 많은 사람들이 봐 줄 때까지 꾸준히 콘텐츠를 생성해야 한다. 콘텐츠의 불씨가 꺼지면 안 된다. 그러면 끝이다.

　고객 만족은 콘텐츠를 바라보는 관점이다. 나의 만족이 아니라 고객 만족이라는 관점에서 만들어야 한다. 크게 두 부류의 고객을 고려해야 한다. 한 부류는 최종 소비자이고 다른 한 부류는 플랫폼이다. 플랫폼이 원하는 바는 명확하다. 최대한 많은 사람이 플랫폼에 들어오고 머무는 것이다. 플랫폼은 이를 위해 최종 소비자가 좋아할 만한 콘텐츠를 엄선해서 보여 준다. 다시 말해 최종 소비자가 원하는 것이 플랫폼이 원하는 것이고, 플랫폼이 원하는 것이 최종 소비자가 원하는 것이다. 다만 때때로 둘 간의 불일치가 일어나곤 한다. 이때는 플랫폼이라는 고객을 우선시해야 한다. 플랫폼이 밀어주지 않으면 최종 소비자에게 보이지도 않기 때문이다. 두 고객이 만족하는 콘텐츠는 어떻게 만들 수 있을까? 앞으로 자세히 알아보겠지만 기본 원리는 단순하다. 현재 플랫폼에서 가장 인기 있는 콘텐츠가 무엇인지 찾아보고 그것을 벤치마킹하는 것이다. 베끼라는 말이 아니다. 보고 분석해서 나에게 맞게 적용하라는 말이다. 파블로 피카소Pablo Ruiz Picasso의 표현을 빌리면 '베끼지 말고copy 훔치라steal'는 것이다.

콘텐츠 최적화를 크게 세 가지로 나누어 알아보려고 한다. 소비자가 주로 정보를 검색하는 네이버나 구글과 같은 검색 엔진, 페이스북이나 인스타그램과 같은 SNS, 유튜브 등의 영상 매체다. 이러한 플랫폼에서 나의 브랜드를 돈 들이지 않고 최대한 잘 알리는 방법은 무엇일까? 바로 사용할 수 있는 기술보다 원리에 초점을 맞추어 본질을 알아볼 것이다. 노출 알고리즘은 지속적으로 바뀌므로 지금 작동하는 기술이 1년 뒤에도 효과적이라는 보장이 없기 때문이다. 본질을 알게 되면 모든 온라인 플랫폼이 어떤 콘텐츠를 더 보여 줄 수밖에 없는지를 파악할 수 있게 된다. 장기적으로 공짜로 광고할 수 있는 나만의 방법을 찾을 수 있게 된다. 먼저 검색 엔진부터 알아보자.

검색 엔진(구글, 네이버, 다음 등)

구글은 검색을 의미하는 보통 명사가 되었다. 구글은 검색 엔진의 표준이고 대부분의 검색 엔진은 구글을 모방하고 있다. 우리나라를 비롯한 극소수의 나라를 제외하고는 구글이 전 세계 검색 엔진 1위다. 어떻게 이렇게 되었을까? 답은 간단하다. 사람들이 찾는 정보를 가장 빠르고 정확하게 보여 주었기 때문이다. 검색 의도에 가장 걸맞은 정보를 제공한 것이다. 즉 검색 엔진의 본질에 가장 충실했기 때문에 전 세계를 지배하는 검색 엔진이 될 수 있었다. 이것이 핵심이다. 검색 엔진의 본질에 걸맞은 콘텐츠를 만들어야만 더 많은 사람에게 보인다는 말이다. 네이버나 다음도 마찬가지다. 그렇다면 구체적으로 어떻게 해야 할까? 윌 쿰Will Coombe이 말한 '검색 엔진 최적화Search Engine Optimization: SEO'의 네 가지 기둥을 참고하면 좋을 것 같다. 관련성, 검색 엔진 친화성, 고객 반응도, 신뢰도이다.[v]

첫 번째, 관련성이다. 말 그대로 사람들이 검색한 키워드와 가장 관련 있는 내용이어야 한다. '신발'을 검색한 사람에게는 신발을 보여 주어야 한다는 말이다. 여기서 핵심은 '좁히는 것'이다. Z(극단적 최적화)에서 알아본 '쪼개기'를 해야 한다. 신발을 검색했을 때 작은 브랜드가 제일 위에 노출될 확률은 0%에 수렴한다. 나이키나 뉴발란스와 같은 강력한 브랜드만이 영광스러운 맨 윗자리를 차지할 수 있다. 작은 브랜드는 키워드를 쪼개고 쪼개서 매우 뾰족한 관련성을 만들어야 한다. 로우로우Rawrow는 '서서 일하는 사람들을 위한 신발'이라는 키워드를 설정했다. 바리스타나 헤어 스타일리스트와 같이 하루 종일 서서 일하는 사람을 뾰족하게 타깃팅한 것이다. 이러한 직업군의 사람들이 일할 때 신을 운동화를 검색한다면 로우로우의 R Shoe는 가장 잘 보일 것이다. 공짜 광고를 하게 되는 것

서서 일하는 사람들을 위한 신발인 로우로우의 'R Shoe'

이다(현재는 많은 브랜드가 비슷한 키워드를 사용하고 있어 그 효과는 희석되었다). 이처럼 관련성에서 핵심은 키워드를 쪼개고 쪼개서 소수이지만 가장 확실한 타깃에 가장 관련 있는 콘텐츠를 제공하는 데 있다.

두 번째는 검색 엔진 친화성이다. 검색 엔진은 인터넷에 있는 모든 정보를 유저에게 보여 주지 않는다. 그렇게 하지 못한다. 웹 크롤러Web crawler라 불리는 소프트웨어가 인터넷을 돌아다니며 미리 수집한 정보를 색인으로 만들어 유저에게 보여 주는 것이다. 이를 크롤링Crawling이라고 부른다. 예전에는 구글봇Googlebot[4]과 같은 소프트웨어가 접근할 수 없는 사이트가 꽤 있어서 이를 잘 확인하고 해결해야만 했다. 요새 웬만한 사이트는 대부분 검색 엔진 프로그램이

---

4   구글에서 사용하는 웹 크롤러 소프트웨어로, 웹 문서를 수집하여 구글 검색 엔진의 색인을 만드는 역할을 한다.

크롤링할 수 있게 설정되어 있어 이 부분이 문제가 되는 경우는 별로 없다. 또한 대부분의 사이트는 PC뿐만 아니라 모바일에서도 최적화되어 있기에 이 부분도 크게 신경 쓸 필요는 없다(만약 이 부분에 문제가 있다면 '네이버 서치 어드바이저', '구글 서치 콘솔'에 접속하여, 웹사이트를 등록하면 된다. QR 코드 참조). 친화성에서 우리가 신경 써야 할 것은 '최신성'이다.

구글 서치
콘솔 등록
방법

네이버 서치
어드바이저
등록 방법

최신성은 영업과 비슷하다. 영업 사원은 잠재 고객과 자주 봐야 한다. 자주 보기 위해서는 명분 혹은 거리가 필요하다. 새로운 제품이 출시되었다거나, 특별 프로모션이 진행 중이라는 것과 같은 소식 말이다. 웹사이트도 마찬가지다. 최신 정보를 지속적으로 업데이트하면서 구글봇과 자주 만날 거리를 마련해야 한다. 콘텐츠를 꾸준히 발행하여 최신성을 유지해서 검색 엔진 소프트웨어와 자주 마주쳐야 한다. 이야깃거리로 서로 간의 거리를 좁혀야 한다.

세 번째는 고객 반응도이다. 말 그대로 고객이 얼마나 반응하는지를 보는 것이다. 고객의 반응은 크게 세 단계로 나누어 살펴볼 수 있다. 먼저 링크를 얼마나 클릭하는지를 보는 클릭률, 다음으로 웹사이트에 방문해서 얼마나 오랫동안 머무는지를 보는 체류 시간, 마지막으로 해당 사이트에서 관련 검색을 마무리하는지 아니면 다시 검색을 해서 다른 사이트를 방문하는지를 보는 종결성이다. 이

세 단계를 고려했을 때 유저들이 클릭하고 싶은 제목과 이미지(클릭률), 웹사이트에 방문해서 오랫동안 정보를 읽게 만드는 구성(체류 시간), 마지막으로 모든 궁금증을 해결해 주는 내용의 완성도(종결성)가 중요하다.

마지막은 신뢰도다. 다른 사이트가 우리 사이트를 얼마나 지지하는지를 살펴보는 것이다. 쉽게 말해 다른 사이트에서 우리 사이트로 얼마나 많은 사람이 넘어오는지를 살펴보는 것이다. 여기서 한 가지 더 고려해야 할 사실은 많은 사람의 신뢰를 얻고 있는 사이트에서 넘어올수록 우리 사이트의 신뢰도 또한 높아진다는 점이다. 이를테면 정부 기관이나 유명 유튜브 채널과 같이 많은 사람이 자주 방문하는 사이트에서 우리 사이트로 넘어온다면 신뢰도가 빠르게 높아진다. 이를 위해서 어떻게 해야 할까? 다른 사이트가 참고할 만한 내용을 적어야 한다. 전문성을 갖추어야 한다는 말이다. 빠르게 할 수 있는 방법도 있다. 컬래버레이션(이하 콜라보)이다. 시너지가 날 수 있는 브랜드 혹은 사이트와 공동 캠페인을 진행하는 것이다. 만약에 A 브랜드와 B 브랜드가 콜라보를 한다면 A 브랜드는 B 브랜드의 링크를 자사 웹사이트에 걸고 B 브랜드도 마찬가지로 A 브랜드의 링크를 걸 수 있다. 서로 참조를 하는 것이다. 다만 이 점을 악용하여 유령 계정으로 서로 링크를 걸면 오히려 제재를 받을 수 있으니 주의해야 한다.

구글을 기준으로 이야기했지만, 네이버나 다음과 같은 검색 엔진도 크게 다르지 않다. 본질은 같다. 유저가 원하는 정보를 가장 빠르고 정확하게 보여 주는 것이다. 시간이 아무리 흘러도 이 점은 변하지 않을 것이다.

다만 네이버(다음 포함)에서는 한 가지 더 고려할 것이 있다. 커뮤니티로서 '카페'의 존재다. 네이버에는 방문자 유치에 용이한 '블로그', 회원을 모으고 구매자로 전환시킬 수 있는 '카페'가 모두 존재한다. 이 둘과 쇼핑몰을 엮으면 하나의 시스템을 만들 수 있다. 먼저 지금까지 말한 검색 엔진이 좋아하는 콘텐츠를 꾸준히 발행하여 블로그의 방문자 수를 늘린다. 블로그 콘텐츠에 '더 자세한 정보는 ○○카페에서 만나 보세요'와 같은 메시지와 카페 링크를 넣어 블로그 방문자를 카페 회원으로 전환시킨다. 회원에게 양질의 정보를 제공하면서 '회원 특가'와 같은 베네핏을 통해 쇼핑몰 구매로 전환시킨다. 이렇게 네이버에서는 블로그 → 카페 → 쇼핑몰로 이어지는 흐름을 만들어 낼 수 있다. 광고 없이 말이다.[vi]

SNS(페이스북, 인스타그램 등)

SNS와 검색 엔진의 가장 큰 차이점이 있다. '친구'다. 인스타그램에는 인친, 페이스북에는 페친, 스레드에는 스친이 있다. 오프라인 세계의 친구와 비슷하다. '친밀도'를 기반으로 사람들이 연결된다는 점에서는 동일하다. 얼굴 한 번 본 적 없어도 온라인에서는 친구가 될 수 있다. 관심 없는 정보라도 친구가 말하면 관심이 생긴다. SNS의 핵심은 바로 여기에 있다. SNS의 표준이라 볼 수 있는 페이스북의 초창기 알고리즘 '엣지 랭크Edge Rank'에 이것이 잘 드러나 있다.

엣지 랭크는 세 가지 요소를 기반으로 작동했다. 게시물 작성자와 사용자가 얼마나 친밀한지를 살펴보는 '친밀도', 게시물의 유형과 유저들의 반응을 살피는 '가중치', 그리고 현시점에서 게시물이 얼마나 유의미한지를 따지는 '시의성'이다. 이 세 가지 요소를 조합하여 순위가 높은 콘텐츠를 뉴스 피드 상위에 노출시킨 것이다. 페이스북은 2018년 8월에 더 이상 엣지 랭크를 사용하지 않는다고 발표했지만 이 세 가지 핵심 개념은 여전히 알고리즘에 영향을 미치는 것으로 보인다.[vii]

먼저 친밀도다. 말 그대로 고객과 친해져야 한다. 고객이 다가올 때까지 기다리면 안 된다. 먼저 다가가야 하고, 진심을 다해야 한다. '게시물 잘 봤습니다. 저희 계정에도 놀러 오세요'와 같은 영혼 없는 말을 여기저기 살포하고 다녀서는 안 된다. 그러면 어떻게 해야 할까? 먼저 우리 브랜드에 관심 있어 할 만한 잠재 고객을 찾아야 한다. 그들이 쓸 만한 해시태그를 찾아내거나 팔로우할 만한 계정(경쟁사 계정 등)에 들어가 팔로우 목록과 태그 게시물을 확인하여 찾아내야 한다. 잠재 고객을 찾았다면 먼저 팔로우도 하고 게시물에 상업적이지 않은 담백한 댓글도 달아야 한다. 핵심은 '진심이

그림 5-4 잠재 고객을 확인하는 방법

*타깃이 좋아할 만한 브랜드 계정의 '팔로워(위)'와 '태그(아래)'란을 확인하면 잠재 고객을 확인할 수 있다.

느껴지는 관심'이다. 사람은 본인을 좋아하는 사람에게 관심을 갖게 되어 있다. 이를 적극적으로 활용해야 한다.

두 번째로 가중치다. 현재 기준으로 단순하게 말하면 글보다는 이미지, 이미지보다는 영상에 더 높은 점수를 주는 것을 말한다. 몇 년 전부터 인스타그램에서는 릴스Reels라 불리는 영상을 올리면 더 많은 유저들에게 노출해 주기 시작했다. 사진 게시물보다 동영상 게시물을 우선적으로 보여 주는 것이다. 메타의 CEO인 마크 저커버그Mark Zuckerberg에 따르면 2023년 2분기 기준 릴스의 일일 시청 횟수가 무려 2,000억 건에 달했다고 한다. 이를 참고하여 인스타그램을 운영하는 지인에게 사진 게시물이 아닌 릴스를 올려 볼 것을 권유했다. 지인의 계정은 릴스를 본격적으로 올린 지 약 한 달 만에 팔로워 수가 3배 가까이 늘었다. 같은 콘텐츠라도 인스타그램에서는 사진보다 영상이 더 효과적이라는 점이 증명되는 순간이었다. 가중치에서 중요한 점은 플랫폼이 주력으로 밀고 있는 기능이 무엇인지 살펴보는 것이다. 특히나 신기능이 나오면 빠르게 활용해야 한다. 플랫폼이 중점을 두는 기능을 적극적으로 사용하는 유저에게 주는 포상을 가중치라고 봐도 좋다.

마지막으로 시의성이다. 오래된 게시물은 덜 보여 주고 최근에 올라온 게시물은 더 보여 주는 것이다. 최신순이라고도 말할 수 있다. 이를 위해 우리가 해야 할 일은 분명하다. 꾸준히 콘텐츠를 올리는 것이다. 콘텐츠의 완성도에 집착하다 보면 시의성을 놓치게 된다. 또한 콘텐츠의 완성도는 생산자가 아닌 소비자가 판단하는 것임을 명심해야 한다. 일단 게시물을 올리고, 소비자의 반응을 보면서 개선해 나가면 된다. '준비, 조준, 발사'가 아니라 경영학자 톰 피터스Tom Peters가 말 한대로 '준비, 발사, 조준'의 심정으로 콘텐츠를 올려야 한다. 이와 관련하여 한 가지 팁이 있다. 매년 반복되는 행사나 이벤트가 있다면 미리 콘텐츠를 준비해 놓는 것이다. 이를테면 '첫눈', '벚꽃 개화', '장마', '발렌타인데이' 등과 같은 이벤트는 미리 콘텐츠를 만들어 놓고 그 누구보다 빠르게 올려야 한다. 시의성을 획득해야 하는 것이다.

영상 매체(유튜브 등)

영상 매체의 핵심은 무엇일까? 영상 매체의 원형에 가까운 TV를 생각해 보면 도움이 된다. 리모컨으로 하릴없이 채널을 돌리는 시청자의 관심을 끌고 콘텐츠에 집중하게 만드는 것이다. 그리고 다음 콘텐츠를 기대하게 만드는 것이다. 기술이 발전하고 플랫폼이 변해도 본질은 동일하다. '관심을 끌고', '집중하게 만들고', '또 보게 만든다'. 이것이 영상 매체의 핵심이다. 이를 두 글자로 '재미'라고 표현하기도 한다.

유튜브 또한 크게 다르지 않다. 영상의 조회수가 높으면 알고리즘 '덕분', 영상의 조회수가 낮으면 알고리즘 '때문'이라고 말한다.

마치 알고리즘이 누군가를 편애하고 누군가를 싫어하는 것처럼 말한다. 과연 그럴까? 당연히 그렇지 않다. 유튜브에서 알고리즘을 활용하는 이유를 생각해 보면 답은 명확하다. 많은 사람이 유튜브를 방문하고 오랫동안 머물고 또 찾아오게 만들기 위해 알고리즘을 활용하는 것이다. 알고리즘은 위에서 말한 '관심을 끌고', '집중하게 만들고', '또 보게 만드는' 영상을 사람들에게 보여 주기 위한 기술이다.

유저 간의 '친밀도'가 개입하는 SNS와 달리 유튜브는 꽤나 공정한 경쟁이 펼쳐진다. 좋은 콘텐츠만 만들면 누구나 성공할 수 있다. 다른 말로 인기 있는 유튜버도 나쁜 콘텐츠를 지속적으로 만들면 빠르게 사라질 수 있다는 말이다. 좋고 나쁨을 가르는 기준은 위해서 말한 대로 '관심을 끌고', '집중하게 만들고', '또 보게 만드는' 것이다. 알고리즘은 이러한 콘텐츠를 어떻게 알아볼까? 크게 세 가지가 있다. '클릭률', '조회율(시청 지속 시간)', 그리고 '반응률'이다.

클릭률은 영상 썸네일Thumbnail을 얼마나 많이 클릭하는지를 보는 것이다. 즉 콘텐츠에 대한 주목도를 판단할 수 있는 지표다. 조회율(시청 지속 시간)은 영상을 얼마나 오랫동안 보는지 알아보는 지표다. 전체 영상 길이 대비 평균적으로 얼마나 오래 시청했는지 시간으로 알려 주는 것이 '시청 지속 시간'이고 백분율로 알려 주는 것이 '조회율{(평균 시청 시간 / 전체 영상 길이) × 100}'이다. 반응율은 영상의 조회수, 좋아요/싫어요 비율 그리고 구독/알림 등의 유저 반응을 살펴보는 것이다. 유튜브 알고리즘은 이 세 가지가 좋으면 좋은 영상으로 판단하고 더 많은 사람에게 보여 준다. 정확히는 유튜브 홈 화면에 노출시켜 준다. 다른 말로 현재 홈 화면에 노출되어 있는 영상은 벤치마킹하기에 가장 좋은 교육 자료라는 뜻이기도 하다. 개발 도상국에서 선진국의 IT 제품을 분해하고 분석하여 제작 과정을 추론하는 '리버스 엔지니어링Reverse engineering'을 통해 성장하였듯, 유튜브 콘텐츠도 그렇게 접근해야 한다. 이미 많은 사람의 사랑을 받고 있는 콘텐츠를 리버스 엔지니어링해야 한다.

　유튜브의 홈 화면은 사람마다 다르다. 구독하는 채널, 좋아요를 눌렀던 영상, 오래 시청한 영상 등에 따라 개인화해서 보여 주기 때문이다. 이 사실이 매우 중요하다. 고객과 동일한 홈 화면을 볼 수 있는 방법을 알려 주기 때문이다. 타깃 고객이 구독할 만한 채널을 구독하고 볼 만한 영상을 지속적으로 봐서 타깃 고객과 동일한 홈 화면을 만드는 것이 우리가 해야 할 첫 번째 미션이다. 다음으로 홈 화면에 뜨는 인기 영상의 '썸네일', '콘텐츠 구성', '댓글 반응' 등을 분석한다. 썸네일에서 어떤 사진을 쓰는지, 텍스트의 크기와 배치 그리고 색상은 어떠한지를 살펴본다. 콘텐츠의 전체 길이는 어떻게 되며 시작과 마무리는 어떻게 구성하는지 등을 분석한다. 댓글 반응을 통해 사람들은 어떤 점을 좋아하고 어떤 점을 싫어하는지를 정리한다. 이 모든 것을 내 영상에 맞게 개선해서 반영하면 된다. 오해할까 봐 강조하자면 표절하라는 것이 아니다. 사람들이 좋아하는 영상을 나의 브랜드에 맞게 업그레이드하여 최신 영상으로 업로드하라는 것이다. 유튜브는 이렇게 개선된 최신 영상을 좋아할 수밖에 없다.

지금까지 알아본 내용이 기본 전략이라면 두 가지 응용 전략도 있다. 바로 '스낵과 식사' 전략과 '게스트' 전략이다. 《믹스Mix》라는 책에서 안성은 저자는 NBA를 예로 들어 '스낵과 식사' 전략을 설명한다. NBA는 매일 열린 경기의 하이라이트나 멋진 장면을 1~2분짜리 숏폼short-form 영상으로 만들어 다양한 SNS 채널을 통해 무료로 배포한다. 스낵 같은 영상이다. 스낵이 맛있다고 느낀 사람들은 NBA 홈페이지에서 중계권을 결제하거나 ESPN으로 생중계를 시청한다. 제대로 된 식사를 하는 것이다. 이 전략을 통해 NBA는 2022년에 전년 대비 19% 증가한 시청률을 기록했다. 2017년 이후 가장 높은 시청률이었다.[viii] 우리나라에서는 쿠팡플레이가 이 전략을 잘 활용하고 있다. 〈SNL코리아〉의 하이라이트 영상을 다양한 SNS 채널에 배포하여 스낵을 맛보게 하고, 많은 사람들이 쿠팡플레이에 가입하여 풀 영상이라는 식사를 하게 만드는 것이다. 현시점 모든 영상 플랫폼에서 숏폼 영상을 밀어주는 흐름이기에 이러한 '스낵과 식사' 전략은 앞으로 더더욱 효과적일 것으로 보인다.

'게스트' 전략은 두 가지다. 게스트를 우리 채널에 초대하는 것과, 다른 채널에 게스트로 참여하는 것이다. 먼저 게스트를 초대하는 것에는 두 가지 이점이 있다. 인지도 있는 게스트를 초대함으로

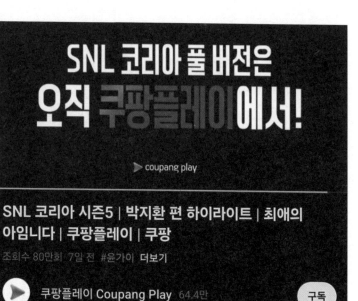

SNL 코리아 풀 버전은
오직 쿠팡플레이에서!

▷ coupang play

SNL 코리아 시즌5 | 박지환 편 하이라이트 | 최애의
아임니다 | 쿠팡플레이 | 쿠팡
조회수 80만회 · 7일 전 #윤가이 더보기

▶ 쿠팡플레이 Coupang Play 64.4만   구독

그림 5-5 쿠팡플레이의 '스낵과 식사' 전략

써 다음 게스트를 초대하는 것이 수월해진다. 그리고 게스트의 신
뢰도에 비례하여 우리 채널의 신뢰도가 높아지고 또한 구독자 수
도 늘어날 수 있다. 구독자 수 230만 명을 자랑하는 경제 유튜브
채널 〈삼프로TV〉가 이를 가장 잘했다.

다른 채널에 게스트로 참여하는 것은 브랜드를 적극적으로 알리
는 행위다. 잠재 고객이 많이 볼 것 같은 채널에 출연하여 아직 우
리 브랜드를 모르지만 좋아할 가능성이 많은 사람들의 마음을 얻
는 것이다. 물론 출연한 채널에도 도움을 주어야 한다. '게스트 전
략'에서 중요한 점은 '상부상조'이다. 초대하고 초대받는 행위이기

에 서로에게 도움이 되어야 한다. 이런 면에서 보면 컬래버레이션과 비슷하다고 볼 수 있다. 나의 편을 만들어 우리의 팬을 만든다는 점에서 말이다.

시간 최소화:
이메일 마케팅 자동화

엘버트 허버드Elbert Hubbard는 다음과 같이 말했다.

"하나의 기계는 평범한 사람 50명 분량의 일을 할 수 있다. 그러나 어떠한 기계도 비범한 한 사람의 일을 감당할 수는 없다."[ix]

100여 년 전의 말이지만 여전히 유효하다. 여기서 '기계'를 '자동화'로 바꿔서 생각해 보자. 자동화는 평범한 사람 50명이 아니라 5만 명 이상의 일도 대체할 수 있다. 기계적으로 반복되는 거의 모든 일을 대체할 수 있는 것이다.

반면에 비범한 사람의 일, 예를 들어 개개인의 감정을 헤아리고 충족시켜 주는 일을 대체할 수는 없다. 즉 평범한 일을 자동화함에 따라 우리는 더욱더 많은 시간을 비범한 일에 투자할 수 있다. 이것이 자동화의 핵심이고, 자동화 마케팅의 핵심이기도 하다.

자동화 마케팅은 말 그대로 반복적인 마케팅 작업을 자동화하는 것이다. 구체적으로 말하면 고객 데이터를 수집 및 분석한 결과를 토대로 개인화된 메시지를 보내고 그 결과를 측정하여 개선하는 일련의 작업을 자동화하는 것이다. 거창해 보이지만 우리가 소비자로서 늘 접하는 일이기도 하다. 쇼핑몰 회원 가입을 하면 환영 메시지를 받는다든지, 생일에 축하 메시지와 함께 할인 쿠폰을 받는다든지, 배달 음식을 먹고 나서 1시간 후에 평가를 해 달라는 메시지를 받는 것이 모두 자동화 마케팅의 결과다.

자동화 마케팅은 대기업이나 하는 것이라고 치부하면 안 된다. 인력이 부족한 작은 브랜드라면 더더욱 신경 써야 한다. 저렴한 자동화 마케팅 소프트웨어와 플랫폼이 다양하게 나와 있기에, 돈이 없어서 못 한다는 말은 더 이상 통하지 않는다.

대표적인 자동화 마케팅 툴로 재피어^{Zapier}가 있다. 설문 툴, 이메일 마케팅 툴, 챗봇, SNS, 웹사이트 등 수많은 툴을 연결하여 자동화 시스템을 구축하는 툴이다. 예를 들어 웹사이트 회원 가입자에게 자동으로 이메일을 보낸다거나, 설문 조사에 응한 사람에게 자동으로 카카오톡 메시지를 발송하는 것과 같이 서로 다른 툴을 연결하여 마케팅을 자동화할 수 있게 도와준다. 일종의 자동

Zapier를
이용한 업무
자동화 사례
공유 - 온라인
밋업 녹화

화 마케팅 본부 역할을 한다고 볼 수 있다.[x] 재피어는 자동화 마케팅에 대한 기본기를 닦아야만 제대로 이해할 수 있기에 이 책에서는 깊게 다루지 않을 예정이다. 관심 있는 분은 이 책의 마지막에 제시한 [Books for ZERO]의 '최적화' 추천 도서 및 QR 코드를 참고하길 바란다.

O(최적화)에서 중점적으로 다룰 자동화는 이메일 마케팅이다. "이메일 마케팅은 한물간 거 아니야?"라고 생각하는 분들이 꽤 있다. 단도직입적으로 말하자면 그렇지 않다. 통계 전문 사이트인 스태티스티카[Statistica]에 따르면 매일 이메일을 열어 보는 것으로 하루 일과를 시작하는 사람의 비율이 2021년 기준 무려 91%나 된다. 더 놀라운 것은 91%에 무직자도 포함이라는 사실이다.[xi] 최근 우리나라에서 인기를 끌고 있는 대부분의 뉴스레터 서비스도 모두 이메일 기반이다. 60만 명의 구독자를 자랑하는 뉴닉[Newneek], 부동산 중심 뉴스레터 부딩[Booding], 시사 중심 뉴스레터 미스터동[mrdong] 등 다양한 뉴스레터가 이메일로 많은 사람의 관심을 끌고 있다. 이메일 마케팅 툴인 스티비[stibee]에 따르면 구독자 5,000명을 초과한 뉴스레터의 오픈율은 11.7%, 구독자 1~500명의 뉴스레터 오픈율은 무려 42.5%에 달한다고 한다. SNS 광고를 한 번이라도 해 본 사람이라면 높은 반응률에 크게 놀랄 것이다. 이메일 뉴스레터에 광고를 실으려는 기업들의 경쟁이 치열한 이유가 바로 여기에 있다.[xii] 이메일은 여전히 강력한 매체이다.

이메일은 매체 특성상 장점도 많다. 수신자 정보를 기반으로 개인화(이름, 혜택, 콘텐츠 등)된 메시지를 보낼 수 있다. 비용도 크게 들지 않는다. 유료 프로그램을 쓰더라도 한 달에 1만 원 수준이다. 고객이 콘텐츠를 언제, 어디서 보았는지도 쉽게 확인할 수 있다. SNS나 광고에 담기에 분량이 길고 깊이 있는 정보도 전달하기에 용이하다. 심지어 고객이 이메일을 열어 보지 않더라도 광고 효과가 있다. 수신자가 제목을 보는 것만으로도 브랜드 회상에 도움이 되기 때문이다.

그렇다면 이메일 마케팅을 어떻게 시작해야 할까? 먼저 이메일 마케팅 툴EMP: Email Marketing Provider부터 선택해야 한다. 국내에서 커머스 위주로 진행할 예정이라면 스티비stibee.com, 뉴스레터 콘텐츠가 주력이라면 메일리maily.so가 유리하다. 해외 고객이 타깃이라면 해외 서비스인 메일침프mailchimp.com, 서브스택substack.com, 액티브캠페인 activecampaign.com, 센드폭스sendfox.com 등을 생각해 볼 수 있다. 가용 자원과 브랜드 목표를 고려하여 나에게 맞는 툴을 선택하면 된다.xiii

이메일 발송의 종류는 크게 두 가지로 나눌 수 있다. 지금 써서 바로 혹은 예약 메일로 보내는 즉시 발송Broadcasting과 고객(의 행동)에 따라 미리 써 놓은 이메일이 자동으로 발송되는 자동 발송 Sequencing이다. 우리가 알아볼 것은 '자동 발송'이다.

자동 발송은 고객에 따라 혹은 고객의 행동에 따라 미리 정해 놓은 이메일을 발송하는 것이다. 자동 발송은 구독자를 명확하게 구분하고 그룹화해야만 제대로 효과를 볼 수 있다. 이하석의《이메일 쫌 아는 마케터》에 따르면 크게 세 가지 특성으로 고객을 구분할 수 있다. 인구 통계학적 특성, 라이프 스타일 특성, 행동적 특성이 그것이다. 인구 통계학적 특성은 고객을 나이, 성별, 수입 및 교육 수준으로 나누는 것이다. 라이프 스타일 특성은 취미, 관심사, 브랜드 등으로 구분한다. 마지막으로 행동적 특성은 고객의 신념과 가치 등 무형적 특성으로 구분하는 것이다.[xiv]

고객을 잘 구분했다면 다음으로 '마케팅 퍼널Marketing Funnel'을 만들어야 한다. 쉽게 말해 마케팅 목적을 달성하기 위해 어떤 순서로 이메일을 보낼지 설계하는 것이다. 최근에 진행한 C 브랜드와의

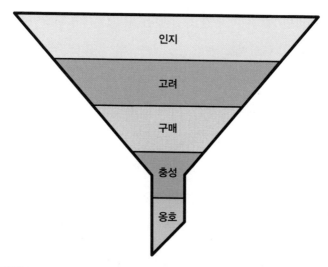

그림 5-6 마케팅 퍼널(잠재 고객이 인지 단계부터 옹호 단계까지 거치는 여정을 깔때기 모양으로 시각화한 모델)이다.

브랜딩 워크숍에서 나누었던 이야기로 설명해 볼까 한다(아직 진행 전인 프로젝트이기에 주요 정보는 각색한다).

C 브랜드는 유아동용품 론칭을 앞두고 있었다. 유아동용품은 대표적인 고관여 제품이다. 소비자가 구매 결정을 내리기 전까지 많은 시간과 노력을 들이는 제품군이라는 의미다. 충동적으로 구매하는 저관여 제품과는 전혀 다르다. 유아동용품은 소중한 우리 아이가 쓸 제품이기에 아무거나 쉽게 고를 수 없다. 제품의 특장점, 고객 후기 등을 꼼꼼히 따져보고 구매하게 된다. 그렇기에 신규 브랜드가 진입하기에 상당히 어려운 시장이기도 하다.

C 브랜드는 이에 대한 고민으로 제품 론칭 전에 아이를 위한 무료 정보를 PDF로 제공하는 것을 염두에 두고 있었다. 이를 통해 유아동용품에 대한 '전문성'을 확보하고 브랜드 '인지도'를 제고하고자 했다. 좋은 아이디어였다. 무료 정보는 고객이 충분히 궁금해할 만한 내용이었고, 판매하는 제품과의 연관성도 높았다. 다만 구매까지 이어지는 구체적인 계획이 없다는 게 아쉬웠다. 이를 해결하기 위해 '마케팅 퍼널'을 간략하게 만들어 보기로 했다.

먼저 브랜드 인스타그램 계정에서 전문적인 콘텐츠를 꾸준히 올리면서 무료 자료를 신청할 수 있음을 지속적으로 어필하기로 했다. 프로필에 무료 자료 신청 링크를 올려두고, 모든 게시물 하단부에 공통적으로 무료 자료를 신청할 수 있음을 알리는 것이다. 링크를 클릭하면 이메일 구독 폼으로 넘어가고, 구독한 사람을 대상

그림 5-7 스티비 뉴스레터 구독 폼 화면

으로 무료 자료 요약본 PDF를 담은 메일을 자동으로 발송한다.

이와 동시에 인스타그램 광고를 진행한다. 광고에서 중요한 점은 타깃을 뾰족하게 만드는 것이다. '아이를 키우는 분들 보세요'보다 '3세 아이를 키우는 분들만 보세요'가 더 뾰족하다. Z(극단적 차별화)에서 다루었던 내용처럼 쪼개야 소비자의 주목도가 높아진다. '3세 아이를 둔 부모가 반드시 알아야 할 필수 상식 5가지'를 타이틀로 인스타그램 광고를 진행하기로 했다. 광고를 클릭하면 마찬가지로 이메일 구독 폼으로 넘어가고 신청자에게 무료 자료 요약본 PDF가 담긴 메일이 자동으로 발송된다.

첫 번째 메일을 오픈한 고객에게 두 번째 메일이 자동으로 발송

된다. 이번에는 조금 더 깊이 있는 정보다. PDF 전문을 보내는 것이다. 요약본에 흥미가 있는 사람은 PDF 전문까지 보고 싶어 할 것이다. 이메일 본문에는 PDF 전문의 내용을 간략히 요약하고 PDF 파일을 첨부하여 보낸다.

두 번째 메일까지 오픈한 고객에게 세 번째 메일이 자동으로 발송된다. 이번 메일의 내용은 '혜택 제공'이다. 구매를 직접적으로 유도하는 '콜 투 액션Call to Action: CTA' 메시지를 쇼핑몰 링크와 함께 보내는 것이다. PDF까지 본 사람이라면 브랜드에 대한 신뢰가 어느 정도 쌓였을 것이다. 브랜드를 신뢰하는 잠재 고객에게 제품에 대한 혜택을 제공하여 구매로 전환시킨다. 이때 중요한 것은 혜택이 '한정된 사람'에게 '한정된 시간' 동안만 제공됨을 강조하는 것이다. 모두에게 언제나 제공된다면 혜택이 아니기 때문이다.

쇼핑몰 링크를 클릭하지 않은 고객에게만 일주일 후에 네 번째 메일이 자동으로 발송된다. 주요 메시지는 '혜택 종료' 알림이다. 소비자는 수많은 정보에 휩싸여 있다. 브랜드가 발신한 한 번의 메시지로 행동할 확률이 낮다는 말이다. 바빠서 까먹었을 수도 있고, 고민 중일 수도 있다. 세 번째 메일에 반응하지 않은 고객들만을 대상으로 혜택이 곧 종료됨을 알리는 메일을 보낸다.

지금까지 말한 내용을 이메일 제목으로 정리하면 아래와 같다.

첫 번째 메일 (SNS 프로필 링크나 광고를 클릭하여 구독 폼을 신청한 고객 대상)

→ '3세 아이를 둔 부모가 반드시 알아야 할 필수 상식 5가지'

두 번째 메일 (첫 번째 메일을 오픈한 고객 대상)

→ '3세 아이를 둔 부모가 알아야 할 모든 정보 PDF로 보내드려요!'

세 번째 메일 (두 번째 메일까지 오픈한 고객 대상)

→ '지금 회원 가입을 하는 분들께만 드리는 1+1 혜택'

네 번째 메일 (쇼핑몰 링크를 클릭하지 않은 고객 대상)

→ '1+1 혜택은 1주일 뒤 종료됩니다. 절대 놓치지 마세요'

이메일 마케팅 자동화는 개인화된 메시지를 얼마나 잘 전달하느냐가 성패를 좌우한다. 이는 비단 메시지만의 문제가 아니다. 고객군이 직장인이라면 이메일을 확인할 확률이 가장 높은 월요일 오전 9시에서 10시에 발송한다든지, 프로모션 메시지는 상당수의 직장인이 월급을 받는 월말에 보낸다든지와 같이 보내는 시간과 날짜도 고려해야 한다. 장바구니에 주기적으로 담는 상품이 있다면 이와 관련된 개인화된 혜택 메시지를 보낼 수도 있다. 모든 이메일은 고객의 니즈를 충족하는 메시지를 담고 있어야 한다. 지금까지 알아본 내용은 기초 중의 기초다. 고객에게 판매하는 상품과 서비스 그리고 고객의 성향에 따라 조금 더 섬세하게 설계할 필요가 있다. 자세한 내용을 공부하고 싶다면 [Books for ZERO]의 최적화 추천 도서 및 QR 코드를 참고하길 바란다.

이메일 자동화
마케팅 관련한
자세한 정보
- 스티비
blog.stibee.com

☐ **나만의 최적화 기준을 세웠는가?**
❶ 나만의 마진 계산식을 만들고 확인하면서 판매한다.
❷ 'ROI = 이익 / 투자액'과 '고객 확보 비용(CAC) + a 〈 고객 생애 매출 (CLR)'을 고려하여 마케팅한다.

☐ **콘텐츠 최적화를 설계했는가? 현재 가장 잘하고 있는 브랜드를 분석하고 벤치마킹했는가?**
❶ 검색 엔진은 '관련성', '검색 엔진 친화성', '고객 반응도', '신뢰도'를 고려한다.
❷ SNS는 '친밀도', '가중치(영상 우선)', '시의성(최신성)'을 고려한다.
❸ 영상 매체는 '클릭률', '조회율', '반응률'을 고려하고 '스낵과 식사 전략'과 '게스트 전략'을 시도한다.

☐ **이메일 마케팅 자동화를 설계했는가?**
❶ 나에게 맞는 이메일 마케팅 툴(EMP)을 선택한다.
❷ 이메일 구독자를 인구 통계학, 라이프 스타일, 행동적 특성에 따라 그룹화한다.
❸ 마케팅 목적을 달성하기 위해 어떤 순서로 이메일을 보낼지 마케팅 퍼널을 설계한다.

ZERO to Infinity

오른손으로 권총을 쥐었다. 오른팔을 앞으로 곧게 뻗고 왼팔로 오른팔을 뒤쪽으로 당긴다는 느낌으로 팔을 강하게 고정했다. 가늠쇠로 보이는 표적 정중앙에 시선을 고정하고 호흡을 멈추었다. 한 번에 방아쇠를 당긴다는 느낌이 아니라 1g씩 압력의 크기를 늘린다는 느낌으로 지긋이 힘을 주었다. 순간 '빵!' 소리와 함께 몸이 뒤로 제쳐지는 반동이 느껴졌다. 표적 정중앙이 뚫렸다. 마침내 무의식 격발을 알게 되었다.

군대에서 권총을 쏠 기회가 있었다. 소총과는 다르게 총구가 짧은 권총은 살짝만 움직여도 표적을 완전히 벗어나게 된다. 힘을 주어 의식적으로 방아쇠를 당기면 대부분 표적을 벗어날 수밖에 없다. 이를 방지하기 위해서는 '무의식 격발'을 해야 된다. 의식적으로 방아쇠를 당기는 것이 아니라 나도 모르게 방아쇠를 당기는 것이다. 무의식 격발에 대한 교육을 들을 때는 충분히 이해했다고 생각했다. 하지만 권총을 쏘는 순간 알았다. 내가 전혀 몰랐다는 사실을 말이다. 표적에 맞는 탄알은 드물었다. 모든 발사는 의식 격발이었다. 머리로는 알았다고 생각했지만 몸은 전혀 모르고 있었던 것이다.

권총을 쏠 기회가 있을 때마다 배운 내용을 단계별로 다시 생각하면서 적용해 보았다. 한 발 한 발 신중하게 쏘다가 어느 순간 '빵!'하고 무의식 격발을 했고, 그 결과 과녁의 정중앙을 정확하게 맞추었다. 이렇게 머리로만 알고 있던 지식이 몸에 깊게 밴 지혜로 변하는 것을 경험한 것이다. 이제는 진짜로 무의식 격발을 체험하게 된 것이다.

지금까지 우리가 알아본 '브랜딩 법칙 ZERO'도 마찬가지다. 실제로 해 보지 않으면 결코 알 수 없다. 알았다는 생각만 들 뿐이다. 책을 읽고 새로운 지식을 습득했다는 보람은 느낄 수 있으나, 그것만으로는 삶에 아무런 변화가 없다. 브랜드는 그대로 남아 있다. 빠르면 며칠 후에 잊혀질 지식에 만족하고 마는 것이다. 반드시 내가 하는 일에 적용해야만 내 것이 되고, 그때야 비로소 변화가 생긴다. 그 변화는 나의 일상뿐만 아니라 나의 사고방식과 행동에도 깊고 긍정적인 영향을 미친다. 브랜딩 법칙을 적용하는 과정에서 겪는 시행착오와 그로 인한 배움이야말로 진정한 성장을 가져다준다.

디테일한 내용은 여러분이 하는 일과 상황에 따라 변형해서 적용해야 한다. 다만 한 가지, Z(극단적 차별화), E(고객 참여), R(반복 또 반복), O(최적화), ZERO라는 큰 틀은 반드시 지켜주었으면 한다. 아무리 바쁘더라도 내가 브랜딩 법칙 ZERO를 지키고 있는지를 끊임없이 생각해 보았으면 한다. 막막한 상황이라면 브랜딩 법칙 ZERO에 문제가 없는지 살펴보아야 한다. 매출이 늘고 고객도 늘더라도 브랜딩 법칙 ZERO에 문제가 없는지를 지속적으로 점검해 보기를 바란다.

《작은 기업을 위한 브랜딩 법칙 ZERO》를 읽기만 하고 행동하지 않으면 그 가치는 곧 0에 수렴할 것이다. 통장을 스치고 지나가는 매출이나 월급처럼 말이다. 다만 본인의 브랜드에 적용하고 응용해 나간다면 브랜딩 법칙 ZERO의 가치는 무한대(∞)가 될 것이다. 그 어떤 브랜드도 따라오지 못하는 속도로 성장하게 될 것이다.

앎에서 머물지, 실행함으로 나아갈지, 0으로 주저앉을지, 무한대로 성장할지, 선택은 여러분의 몫이다. 《작은 기업을 위한 브랜딩 법칙 ZERO》를 읽고 궁금한 점이 있다면 해시태그 '#브랜딩법칙ZERO'과 함께 인스타그램이나 네이버 블로그에 질문을 올려 주시면 가능한 선에서 최대한 답을 드려보도록 하겠다. 여러분의 질문이 더 많은 사람들에게도 도움이 될 수 있기를 바란다.

《작은 기업을 위한 브랜딩 법칙 ZERO》가 여러분의 브랜드에 대한 무거운 고민을 조금이나마 가볍게 해 주었다면 더 바랄 게 없을 것 같다. 매일매일 성장하는 여러분의 브랜드를 진심으로 응원하며, 앞으로의 여정에서도 많은 성공이 있기를 바란다.

이제 여러분이 무의식 격발을 할 차례다.

오후 7시 22분 해가 지는 어느 날에

김용석

Books for ZERO

Books for Z(극단적 차별화)

앨 리스, 잭 트라우트, 《포지셔닝》, 을유문화사, 2021.

극단적 차별화는 소비자의 인식으로 이어지지 않으면 의미가 없다. 이 인식을 앨 리스와 잭 트라우트는 한 단어로 정의했다. '포지셔닝(Positioning)'. 《포지셔닝》에서는 어떻게 하면 브랜드를 소비자의 인식에 단단히 뿌리내리게 할지를 다양한 사례와 함께 설명한다. 출간된 지 40년이 지났지만, 여전히 많은 사람이 읽는 브랜딩 · 마케팅 바이블이다.

빌 비숍, 《핑크펭귄》, 스노우폭스북스, 2021.

차별화를 이야기할 때 자주 언급되는 대중서가 두 권 있다. 세스 고딘의 《보랏빛 소가 온다》와 빌 비숍의 《핑크펭귄》이다. 책 제목부터 고정관념을 깨부수는 동물을 통해 차별화를 강조하고 있다. 두 책의 차이라면 《보랏빛 소가 온다》는 마케팅, 《핑크펭귄》은 브랜딩에 더 초점을 맞추었다는 것이다(저자의 말대로라면 '패키징'에 초점을 맞추었다). 브랜딩 관점에서 차별화를 생각해 본다면 《핑크펭귄》이 더 유용하다고 생각한다.

호소다 다카히로, 《컨셉 수업》, 알에이치코리아, 2024.

고객에게 전할 단 한 문장의 알람 메시지를 만드는 게 어렵다면 《컨셉 수업》을 추천한다. 세계적인 광고 크리에이터인 호소다 다카히로는 콘셉트를 '전체를 관통(일관)하는 새로운 관점'이라 정의했다. 이러한 관점에서 효과적인 콘셉트를 어떻게 만들 수 있는지 다양한 예시와 방법을 통해 쉽게 알려 준다. 여러분만의 알람 메시지가 떠오를 것이다.

오바라 가즈히로, 《프로세스 이코노미》, 인플루엔셜, 2022.

'결과'만 판매하는 시대의 종언을 알린 책이다.

'과정' 그 자체가 비즈니스가 될 수 있음을 다양한 사례와 관점으로 설명한다. 여기서 말하는 과정은 고객의 참여를 이끌어 내는 과정이다. 고객 참여의 기본기를 다지기에 적절한 책이다.

니시노 아키히로, 《혁명의 팡파르》, 소미미디어, 2021.

《프로세스 이코노미》가 고객 참여에 대한 이론서에 가깝다면 《혁명의 팡파르》는 고객 참여에 대한 실용서라고 말할 수 있다. 1인 기업이 어떻게 고객의 참여를 이끌어 내고 놀라운 결과를 만들어 낼 수 있는지를 자세히 설명하고 있는 책이다. 지금은 대중화된 크라우드 펀딩에 대한 놀라운 통찰도 담겨 있다.

《Monocle》, Monocle
《매거진 B》, 비미디어컴퍼니 주식회사

'반복'을 가장 잘하는 매체를 꼽자면 단연 잡지가 아닐까 싶다. 표지, 레이아웃, 콘텐츠의 방향성을 반복해야만 하나의 잡지로 정체성을 형성할 수 있기 때문이다. 반복만으로 그치면 금세 촌스러워지고 지루해진다. 독자가 눈치채기 힘들 정도의 미묘하고 섬세한 개정 또한 필요하다. 이를 가장 잘하는 잡지를 뽑으라면 단연 《Monocle》이다. 《GQ》의 감각과 《The Economist》의 깊이를 모두 갖춘 잡지로 알려져 있다. 영어가 부담스럽다면 《매거진 B》를 추천하고 싶다. 다양한 브랜드에 대한 이야기를 깊이 있게 다루는 국내 잡지다. 콘텐츠 자체가 '반복'을 통해 성공적인 정체성을 형성한 브랜드에 대한 이야기이기도 하고, 《매거진 B》 자체가 '반복'을 세련되게 하는 잡지이기에 다양한 측면에서 영감을 받을 수 있을 것이다.

김선태, 《홍보의 신》, 21세기북스, 2024.

단군 이래 홍보를 가장 잘하는 공무원을 꼽으라면 단연코 충주시 홍보맨이라고 말할 것 같다. 페이스북 시절부터 기이한 포스터로 대중의 이목을 집중시키더니 유튜브 세상에서도 압도적인 전국 지자체 1위 채널을 만들어 냈다. 우리나라에서 난다 긴다 하는 마케터가 주목하고 벤치마킹하는 사람이기도 하다. 전문적인 지식, 충분한 자금도 없이 '내가 속한 조직' 그리고 '나'를 알리는 데 성공했다. 그의 비법은? 반복을 통해 '나다움'을 만들어 낸 것이다. 누구나 쉽게 적용할 수 있는 그의 비법을 훔쳐보자.

Books for O(최적화)

이하석, 《이메일 쫌 아는 마케터》, e비즈북스, 2023.

그런 책이 있다. 해 본 사람은 그 가치를 아는 책. 멋진 말보다 맞는 말로 가득 찬 그런 책. 이하석의 《이메일 쫌 아는 마케터》가 그런 책이다. 현장에서 얻은 경험을 모두가 행할 수 있는 지혜로 풀어내고 있다. 이메일 마케팅, 자동화 마케팅을 시작할 때 꼭 읽어 보아야 할 책이다.

제임스 렌스콜드, 《마케팅 ROI》, 한경사, 2006.

마케팅 관련 책은 정말 많은데, 마케팅 ROI 관련 책은 정말 드물다. 수요가 적어서 그런지, 이를 잘 이해하고 있는 작가가 적어서 그런지는 몰라도 관련 책을 찾아보기 힘들다. 마케팅 ROI를 제대로 다룬 책을 읽으려면 외국 원서를 봐야만 한다. 이러한 상황에서 제임스 렌스콜드의 《마케팅 ROI》는 가뭄의 단비 같은 책이다. 출간된 지 많은 시간이 흘렀지만 마케팅 ROI를 기본기부터 다지기에 손색이 없는 책이다.

신태순, 조수현, 《자동화 마케팅 무작정 따라하기》, 길벗, 2023.

자동화 마케팅을 전혀 모르는 사람에게 추천하는 책이다. 눈높이는 초보에게 맞추어져 있지만 다루는 내용은 중급자도 때때로 참고할 만하다. 자동화 마케팅의 A부터 Z까지 쉽고 자세하게 풀어낸 입문서다.

헤르만 지몬, 《헤르만 지몬 프라이싱》, 쌤앤파커스, 2017

최적화에서 가장 중요한 요소 중 하나가 가격이다. 가격 설정을 어떻게 하느냐에 따라 비용과 고객 가치가 좌우되기 때문이다. 가격과 관련한 책을 고를 때는 고민할 필요가 전혀 없다. 그저 헤르만 지몬의 책을 읽으면 된다. 그게 답이다.

《마케팅 뷰자데》에 이어 《작은 기업을 위한 브랜딩 법칙 ZERO》도 멋지게 만들어 주신 처음북스 담당자분들.

다양한 인사이트를 주셨던 대표님과 업계 전문가분들.

제 삶의 영감이자 축복이었던 홍성연 헬레나(1959-2024).

마지막으로 수많은 책 중 이 책을 선택한 독자 여러분 감사합니다.

초고에 피드백을 주신 멤버분들:

김나해, 김성규, 김수정, 김태우, 노희경, 류지영, 박세라, 백승현, 서수정, 신동엽, 여현주, 은나래, 이선율, 최환희, 허선정

참고 문헌 및 출처

들어가며_ ZERO? ZERO, ZERO!

i   Nassim Nicholas Taleb, 《Antifragile》, Random House, 2012.

Chapter 1 브랜딩은 무엇인가?

i   한근태, 《고수의 질문법》, 미래의창, 2018.
ii   허문명, 《경제사상가 이건희》, 동아일보사, 2021.
iii   한스 게오르크 호이젤, 《뇌, 욕망의 비밀을 풀다》, 비즈니스북스, 2019.
iv   Read Montague, 《Why Choose This Book?: How We Make Decisions》, Penguin USA, 2006.
v   오정은, "톰브라운 단돈 40만원… 불황에 판치는 K-짝퉁", 머니투데이, 20201008.
vi   강영연, "자체 상품 늘리고 모바일 강화했더니…'홈쇼핑 빅3' 실적 高高", 한국경제, 2017.02.07
vii   김병규, 《노 브랜드 시대의 브랜드 전략》, 미래의창, 2020.
viii   문상덕, "[집중취재] 수백 억 연봉, 大入 온라인 '1타 강사'들의 세상", 월간중앙, 20210317.
ix   바라트 아난드, 《콘텐츠의 미래》, 리더스북, 2017.
x   Jon Simpson, 《Finding Brand Success in the Digital World》, Forbes, 20170825.
xi   박동수, 《철학책 독서 모임》, 민음사, 2022.

xii 얀 칩체이스, 《관찰의 힘》, 위너스북, 2019.

xiii 서범군, 《PROFESSIONAL 커머스의 조건》, SISO, 2020.

xiv 필립 코틀러, 《필립 코틀러의 마케팅 모험》, 다산북스, 2015.

xv   박창선, 《어느 날 대표님이 우리도 브랜딩 좀 해보자고 말했다》, 미래의창, 2020.

xvi David Aaker, 《Building Strong Brands》 Free Press, 1995.

xvii 김용석, 《마케팅 뷰자데》, 처음북스, 2023.

xviii Marty Neumeier, 《Zag》, Peachpit Press, 2006.

xix 빌 비숍, 《핑크 펭귄》, 스노우폭스북스, 2021.

xx   홍성태, 《브랜드로 남는다는 것》, 북스톤, 2022.

xxi 아리스토텔레스, 《아리스토텔레스 수사학》, 현대지성, 2020.

xxii 강호동, 《이렇게만 하면 장사는 저절로 됩니다》, 위즈덤하우스, 2022.

xxiii 니시노 아키히로, 《혁명의 팡파르》, 소미미디어, 2021.

xxiv 신병철, 《설득 없이 설득되는 비즈니스 독심술》, 휴먼큐브, 2020.

xxv 바라트 아난드, 《콘텐츠의 미래》, 리더스북, 2017.

Chapter 2 [Z]igzag: 극단적 차별화

i   가나자와 사토시, 《지능의 역설》, 데이원, 2020.

ii   니르 이얄, 《훅: 일상을 사로잡는 제품의 비밀》, 유엑스리뷰, 2022.

iii Marty Neumeier, 《Zag》, Peachpit Press, 2006.

iv   윤태영, 《소비 수업》, 문예출판사, 2020.

v   권도균, 《권도균의 스타트업 경영수업》, 위즈덤하우스, 2015

vi   Philip Kotler, Gary Armstrong, 《Principles of Marketing, 18th Edition》, Pearson
     Education, 2020.

vii 남준영, 《용리단길 요리사 남준영》, 메가스터디BOOKS, 2024.

viii 이정선, "소형 커피 머신 시장 90% 장악한 동구전자", 한국경제, 2020.07.06

ix   김난도 외 9인, 《트렌드 코리아 2023》, 미래의창, 2022.

x   제일재경주간 미래예상도 취재팀, 《미래의 서점》, 유유, 2020.

xi   윤미정, 《빅데이터는 어떻게 마케팅의 무기가 되는가》, 클라우드나인, 2020.

xii 빌 비숍, 《핑크 펭귄》, 스노우폭스북스, 2021.

xiii 윤미정, 《빅데이터는 어떻게 마케팅의 무기가 되는가》, 클라우드나인, 2020.

xiv Joan Meyers-Levy, Alice M. Tybout, "Schema Congruity as Basis for Product
     Evaluation", Journal of Consumer Research (1989).

xv   김선태, 《홍보의 신》, 21세기북스, 2024.

xvi 김기중, "박찬욱 감독 '좋은 영화 만들고 싶으면 고전영화 많이 보길'", 서울신문, 20230621.

xvii 박지현, 《하나부터 열까지 신경 쓸 게 너무 많은 브랜딩》, 텍스트칼로리, 2022.

xviii 호소다 다카히로, 《컨셉 수업》, 알에이치코리아, 2024.

xix 황현진, 《잘 파는 사람은 이렇게 팝니다》, 비즈니스북스, 2022.

xx 찰스 스펜스, 《일상 감각 연구소》, 어크로스, 2022.

xxi Marty Neumeier, 《The Brand Flip》, New Riders Publishing, 2016.

xxii Aimee Picchi, "Las Vegas updating its classic "What happens here, stays here" slogan", CBS News, 20220124.

xxiii 알 리스, 잭 트라우트, 《마케팅 불변의 법칙》, 비즈니스맵, 2008.

xxiv 오구라 기조, 《한국은 하나의 철학이다》, 모시는사람들, 2017.

xxv 알 리스, 잭 트라우트, 《마케팅 불변의 법칙》, 비즈니스맵, 2008.

xxvi 홍성태, 《브랜드로 남는다는 것》, 북스톤, 2022.

xxvii 황부영, 《마케터의 생각법》, 갈라북스, 2023.

xxviii 마틴 린드스트롬, 《누가 내 지갑을 조종하는가》, 웅진지식하우스, 2012.

xxix 세상의모든지식, 《오리지널의 탄생》, 21세기북스, 2022.

xxx https://www.bdc.ca/en/articles-tools/marketing-sales-export/marketing/pricing-5-common-strategies

xxxi 윤석철, 《삶의 정도》, 위즈덤하우스, 2011.

xxxii 김시내, 최용경, 《작은 브랜드를 위한 판매전략 지침서》, 스몰브랜더, 2024.

xxxiii 헤르만 지몬, 《헤르만 지몬 프라이싱》, 쌤앤파커스, 2017.

xxxiv 박정부, 《천 원을 경영하라》, 쌤앤파커스, 2022.

xxxv 김시내, 최용경, 《작은 브랜드를 위한 판매전략 지침서》, 스몰브랜더, 2024.

xxxvi 유노연, 《온라인 매출 쉽게 올리는 유통 마케팅 비법》, 중앙경제평론사, 2021.

xxxvii 마스다 무네아키, 《지적자본론》, 민음사, 2015.

xxxviii 김도영, 《김씨네과일》, 필름, 2023.

xxxix 헤르만 지몬, 《헤르만 지몬 프라이싱》, 쌤앤파커스, 2017.

xl 김다이, "'국민 판다' 푸바오, 우리에게 무엇을 남겼나?", 아주경제, 20240227.

xli 박지혜, 《누가 내 머릿속에 브랜드를 넣었지?》, 뜨인돌, 2013.

xlii 조나 버거, 《컨테이저스 전략적 입소문》, 문학동네, 2013.

xliii 최예린, "'2kg 딸기 케이크' 대전 성심당이 파리바게뜨 눌렀다", 한겨레, 20240422.

xliv 김지헌, 《당신은 햄버거 하나에 팔렸습니다》, 중앙북스, 2018.

Chapter 3 [E]ngage: 고객 참여

i 홍성태, 《브랜드로 남는다는 것》, 북스톤, 2022.

ii 가나자와 사토시, 《지능의 역설》, 데이원, 2020.

iii 댄 히스, 칩 히스, 《스틱!》, 엘도라도, 2009.

iv 태양비, 《케이팝의 시간》, 지노, 2023.

v 팻 플린, 《슈퍼팬》, 알에이치코리아, 2021.

vi 김시내, 최용경, 《작은 브랜드를 위한 고객경험 지침서》, 스몰브랜더, 2024.

vii David Robertson, 《Brick by Brick》, Random House, 2013.

viii 윤미정, 《빅데이터는 어떻게 마케팅의 무기가 되는가》, 클라우드나인, 200.

ix   호보닛칸이토이신문, 《이와타씨에게 묻다》, 이콘, 2021.

x   Jon Levi, 《You're Invited: The Art and Science of Connection, Trust, and Belonging》, Harper Business, 2021.

xi   니시노 아키히로, 《꿈과 돈》, 다산북스, 2024.

xii   김병규, 《노 브랜드 시대의 브랜드 전략》, 미래의창, 2020.

xiii   매거진 B 편집부 저자, 《매거진 B No 75: lululemon》, JOH, 2019.

xiv   이승윤, 《커뮤니티는 어떻게 브랜드의 무기가 되는가》, 인플루엔셜, 2022.

xv   박정수, 《좋은 기분》, 북스톤, 2024.

xvi   조나 버거, 《컨테이저스 전략적 입소문》, 문학동네, 2013.

xvii   David Court, Dave Elzinga, Susan Mulder, and Ole Jørgen Vetvik, 《The consumer decision journey》, McKinsey & Company, 20090601.

Chapter 4 [R]epeat: 반복 또 반복

i   박신후, 《행복을 파는 브랜드, 오롤리데이》, 블랙피쉬, 2022.

ii   한스 게오르크 호이젤, 《뇌, 욕망의 비밀을 풀다》, 비즈니스북스, 2019.

iii   신현암, 전성률, 《왜 파타고니아는 맥주를 팔까》, 흐름출판, 2022.

iv   허정윤, "[1등 쇼핑몰, 이것이 다르다](3) 스타일난다 김소희 대표", 전자신문, 20110210.

v   우승우, 차상우, 《창업가의 브랜딩》, 북스톤, 2017.

vi   김윤덕, "[Why] [김윤덕의 사람人] 의대 나온 엄마도 석·박사 딸들도… 맛있는 인생", 조선일보, 20120715.

vii   박정부, 《천 원을 경영하라》, 쌤앤파커스, 2022.

viii   김미경, 《김미경의 리부트》, 웅진지식하우스, 2020.

Chapter 5 [O]ptimize: 최적화

i   필립 코틀러, 《필립 코틀러의 마케팅 모험》, 다산북스, 2015.

ii   제임스 렌스콜드, 《마케팅 ROI》, 한경사, 2006.

iii   필립 코틀러, 《필립 코틀러 마켓 5.0》, 더퀘스트, 2021.

iv   김동우, 《구글 애널리틱스 실전 활용법》, 디지털북스, 2018.

v   Will Coombe, 《3 Months to No.1》, Independently Published, 2017.

vi   김홍한, 《월수익 1,000만 원 만드는 실전 블로그 마케팅》, 아틀라스북스, 2018.

vii   이채희, 《나는 SNS 마케팅으로 월 3000만 원 번다》, 위닝북스, 2017.

viii   안성은, 《믹스(Mix)》, 더퀘스트, 2022.

ix   조쉬 카우프만, 《퍼스널 MBA》, 진성북스, 2014.

x   신태순, 조수현, 《자동화 마케팅 무작정 따라하기》, 길벗, 2023.

xi   이원준, 《실전! 이메일 마케팅》, 디지털북스, 2022.

xii   정민경, "구독자 5만명 뉴스레터에 광고 내려면 얼마 내야 할까", 미디어오늘, 2021.

xiii 김시내, 최용경, 《작은 브랜드를 위한 콘텐츠 지침서》, 스몰브랜더, 2024.

xiv 이하석, 《이메일 쫌 아는 마케터》, e비즈북스, 2023.

Chapter 1 브랜딩은 무엇인가?

그림 1-1 https://www.clien.net/service/board/park/15132919
그림 1-2 https://www.kurly.com/goods/5052922
그림 1-3 인스타그램(@fillout_coffee)
그림 1-4 flaticon.com(웹사이트에서 참고하여 제작)
그림 1-5 https://www.adforum.com/talent/30958-nick-worthington/work/25831
그림 1-6 구글플레이
그림 1-7 자체 제작
표 1-1   자체 제작
표 1-2   자체 제작

Chapter 2 [Z]igzag: 극단적 차별화

그림 2-1 카카오톡
그림 2-2 자체 제작
그림 2-3 인스타그램(@seongsu_bible)
그림 2-4 https://stnmall.com/product/%EB%8F%99%EA%B5%AC%EC%A0%84%EC%
         9E%90-%ED%8B%B0%ED%83%80%EC%9E%84-%EB%AF%B9%EC%8A%

Chapter 3 [E]ngage: 고객 참여

—